Constantin Lipsius

Gottfried Semper

in seiner Bedeutung als Architekt

Verlag
der
Wissenschaften

Constantin Lipsius

Gottfried Semper

in seiner Bedeutung als Architekt

ISBN/EAN: 9783957002020

Auflage: 1

Erscheinungsjahr: 2014

Erscheinungsort: Norderstedt, Deutschland

Hergestellt in Europa, USA, Kanada, Australien, Japan
Verlag der Wissenschaften in Hansebooks GmbH, Norderstedt

Cover: Foto ©kordula - uwe vahle / pixelio.de

(Nach einer Photographie v. Zang in Zürich a. d. Jahre 1866.)

GOTTFRIED SEMPER

in seiner Bedeutung als Architekt

von

CONSTANTIN LIPSIUS
K. S. BAURATH.

Mit einem Porträt Semper's
und
33 Ansichten, Durchschnitten und Grundrissen Semper'scher Bauwerke
in Holzschnitt.

BERLIN 1880.
Verlag der Deutschen Bauzeitung.
-(Kommissions-Verlag von Ernst Toeche.)

Der nachstehende Aufsatz, Separatabdruck aus der Deutschen Bauzeitung, entstand auf Veranlassung der Redaktion des gedachten Journals und es wird der Umstand, dass er für eine Fachzeitung geschrieben ist, bei Beurtheilung des Artikels zu berücksichtigen sein. Die Quellen, die dem Verfasser für die biographischen Notizen zu Gebote standen, hat er im Aufsatze selbst kurz angedeutet. Weitere eingehende Untersuchungen und Nachforschungen in Archiven u. s. w. konnten von ihm nicht angestellt werden und waren bei dem Zweck der Arbeit wohl auch als entbehrlich anzusehen. Der Text hat infolge verschiedener, das Personale Sempers betreffenden Angaben auf Grund späterer dem Verfasser zugegangener Nachrichten mehrfache Berichtigung erfahren. Die Illustrationen anlangend so wurde besonderer Werth darauf gelegt, den Lesern die wichtigsten Semper'schen Bauwerke im Bilde vorführen zu können. Es ist dies nicht ohne große Mühe und nur durch die thatkräftige Unterstützung mehrer Fachgenossen, denen hierfür auch an dieser Stelle gedankt werden mag, gelungen. Für die in Dresden ausgeführten Bauten Sempers fand sich das Material zum größten Theile bereits in dem aus Anlass der 3. General-Versammlung deutscher Architekten- und Ingenieur-Vereine erschienenen Werke: „Die Bauten und technischen Anlagen von Dresden" vorbereitet. Die Darstellungen der übrigen Bauten des Meisters sind theils aus verschiedenen Fachjournalen bezw. Gelegenheitsschriften und der Leipziger Illustrirten Zeitung zusammen getragen, theils nach im Handel befindlichen Photographien und Natur-Aufnahmen gezeichnet worden. So skizzenhaft die Abbildungen bei der Dürftigkeit der zur Verfügung stehenden Unterlagen und bei der Kleinheit des für die vorliegende Veröffentlichung gebotenen Maafsstabes auch gehalten werden mussten, so dürfte diese Sammlung von Zeichnungen Semperscher Bauten — die erste, welche bisher überhaupt veranstaltet wurde — allen Architekten und Kunstfreunden nicht unwillkommen sein.

Möge denn der Versuch, Semper als Architekt nach der künstlerischen und schriftstellerischen Seite zu würdigen, eine nachsichtige Beurtheilung finden.

Leipzig, am 10. Mai 1880.

Der Verfasser.

ottfried Semper wurde zu Hamburg und zwar, einem Auszuge aus dem Kirchenbuche zufolge, gegen die bisherige Annahme, am 30. November 1803 geboren. Er war der dritt-älteste Sohn, das fünfte unter den acht Kindern (von denen zwei ihm voran gehende Schwestern aber in frühester Jugend bereits starben) seiner Eltern, des einer Familientradition nach aus Schlesien übergesiedelten Gottfried Emanuel Semper und der Gattin desselben, der, einer ursprünglich holländischen Familie entstammenden Johanna Marie Paap, Tochter des Inhabers der unter der Firma J. W. Paap noch heute in Altona bestehenden und im Besitze des noch lebenden hoch betagten ältesten Bruders Sempers und der beiden Söhne dieses befindlichen Wollspinnerei. In seinem dritten Lebensjahre zogen seine Eltern nach Altona, woher es kommen mag, dass stets Altona als Sempers Geburtsort angegeben wird.

Aus Semper's Kindheit macht uns Pecht (Deutsche Künstler des neunzehnten Jahrhunderts) bezeichnende Mittheilungen, die wohl auf Erzählungen aus Sempers Munde zurück zu führen sein mögen. Im Jahre 1823 bezog Semper, nachdem er seine Gymnasialstudien am Johanneum zu Hamburg absolvirt hatte, die Universität Göttingen und wurde daselbst am 17. Oktober als Student der Mathematik immatrikulirt. Hier hörte er besonders Thibaut, gleichzeitig aber auch Ottfried Müller und Heeren und beschäftigte sich daneben mit dem Studium militairwissenschaftlicher Bücher. Am 30. März 1825 verliefs er Göttingen, um sich, vielleicht nach einigen Schwankungen, der Baukunst zu widmen und begab sich nach München, woselbst Gärtner an der Akademie lehrte. Pecht erzählt, dass Semper's Münchener Aufenthalt von kurzer Dauer gewesen und er, durch Bülau zur Mitarbeiterschaft an dessen Domwerke gewonnen, nach Regensburg gegangen, dort aber, infolge eines flotten Lebens in stete Händel verflochten, in ein Duell verwickelt worden sei, das ihn zur Flucht nach Paris genöthigt habe. Briefliche Nachrichten aus diesem Lebensabschnitt haben sich in Semper's Nachlassenschaft nicht vorgefunden. Ist die Duellgeschichte wahr — und warum sollte sie es nicht sein? — so wurde sie für Semper's Entwickelung insofern bedeutsam, als sie ihn veranlasste, früher als es sonst wohl geschehen wäre, nach Paris zu gehen. Hier verweilte er vom Jahre 1826 bis Ende 1827 und kehrte dann im Juli 1829 zu einem zweiten bis Ende 1830 ausgedehnten Aufenthalt wieder dorthin. In die Zwischenzeit fällt seine Betheiligung als Volontair am Bremer Hafenbau. In Paris schloss er sich dem Kölner Gau an, der bedeutenden Einfluss auf ihn gewann und in dessen Atelier er auch während seines zweiten Pariser Aufenthaltes arbeitete. Sein Verhältniss zu Gau blieb bis zu dessen im Jahre 1853 erfolgten Tode ein sehr freundschaftliches.

Von Paris aus trat Semper eine Studienreise über Marseille und Genua nach Italien, Sizilien und Griechenland an, von welcher er Anfang 1833 über Rom und Mailand nach Deutschland zurück kehrte, bis zum Ende des Jahres zuvörderst in München verbleibend. Auf der Rückreise nach der Heimath berührte er Berlin und machte dort Schinkels Bekanntschaft. In Altona verlebte er nun die kurze Zeit bis zu seiner Berufung nach Dresden. Von hier aus veröffentlichte er eine kleine, seinem „Lehrer und Freund" Gau zugeeignete Schrift: „Vorläufige Bemerkungen über bemalte Architektur und Plastik bei den Alten", in welcher er das allgemeine Resultat der zum Theil mit seinem „unvergesslichen Reisegefährten und Freund" Jules Goury angestellten Untersuchungen bekannt gab. Gleichzeitig baute er ein kleines, ein Museum enthaltendes Oktogon für den Etatsrath Donner in Altona. Am 17. Mai 1834 erfolgte seine Anstellung als Professor der Baukunst und Vorstand der Bauschule an der Königlichen Kunstakademie zu Dresden, während sein Amtsantritt erst vom 30. September berechnet wurde. Er wurde zu diesem Amte nach Joseph Thürmers Tode auf Empfehlung Gau's, an den sich der Sächsische Minister v. Lindenau mit dem Ersuchen um Bezeichnung eines befähigten deutschen Architekten gewandt hatte, berufen.

In dem schönen Dresden, zu dessen monumentaler Verschönerung er selbst so wesentliches beitragen sollte, fand er eine zweite, in späteren Jahren oft zurück ersehnte Heimath und den Boden für eine umfassende, von öffentlicher Anerkennung begleitete und der Gunst des alsbald zur Alleinregierung gelangenden Mitregenten, des nachmaligen Königs Friedrich August, getragene schöpferische Thätigkeit. Von seinen Dresdener Bauten, insbesondere dem im September 1869 durch Feuer zerstörten Theaterbau, datirt Sempers Renommée. Seine erste Ausführung in Dresden galt einer farbigen, auch auf Beleuchtungs-Effekte berechneten Festdekoration auf mehren Plätzen Dresdens gelegentlich des achtzigsten Geburtstages des Königs Anton am 27. Dezember 1835, deren Hauptbestandtheile eine mit einer geflügelten Figur bekrönte Triumphalsäule auf dem Altmarkt und ein Obelisk, mit dem Reliefportrait des Königs am Postamente, zu Beginn der Allee in der Hauptstrafse der Neustadt ausmachten. Dann folgte im Jahre 1836 die polychrome Ausschmückung der Antikensäle im Japanischen Palais, in den Jahren 1837 und 1838 die Erbauung des Materni-Hospitals (Frauen-Versorgungshauses). 1838—1840 erbaute Semper die Synagoge, 1838 — 1841 das Hoftheater und 1839 die Villa Rosa; es folgten weiterhin 1840 der Elymeiersche Ladenvorbau am Neumarkt, 1841 das Houpe'sche Haus Marienstrafse 24. Von 1843 datirt die Errichtung des sogen. Cholerabrunnens, von 1845—1848 die Erbauung des Oppenheim'schen Palais und von 1847 an die Erbauung des neuen Museums, das im Mai 1849 bis zur

Parterregleiche fertig gestellt war. Noch rühren von ihm **Grabdenkmäler** für den von Semper hochgeschätzten Kunstforscher Frhrn. v. Rumohr († 1843) auf dem alten Neustädter Friedhof, für Carl Maria v. Weber (1844 von London nach Dresden überführt) auf dem katholischen Friedhof und für die Familie Oppenheim auf dem Trinitatis-Kirchhof her. Das grüne Gewölbe bewahrt einen von Semper im gothischen Stile entworfenen **Ehrenbecher**, den die Kommunal-Garde zu Dresden ihrem Kommandanten v. Bevilaqua im Jahre 1841 überreichte und die Königliche Porzellan-Fabrik zu Meifsen war auf der ersten Londoner Welt-Ausstellung im Jahre 1851 unter anderem durch eine **Pracht-Vase** vertreten, zu der Semper die Zeichnung gemacht hatte. Auch die **szenischen dekorativen Anordnungen** für die Antigone des Sophokles im Hoftheater rührten von Semper her, desgleichen die **Ehrenpforte**, die bei Rückkehr des Königs Friedrich August von seiner Reise nach England im Jahre 1844 in Dresden errichtet ward.

Aufserhalb Dresdens baute er, unter Benutzung eines alten Stadtthurmes, die **Kaserne zu Bautzen** in englisch-gothischem Stile und nach dem grofsen Brande die in Sgraffito verzierte Façade für das Haus seines jüngeren Bruders, des Apothekers Wilhelm Semper, in **Hamburg**. — Von **Projekten** gehören in diese Zeit, soviel mir bekannt, ein Restaurationsprojekt für das, 1842 durch Brand beschädigte **Oschatzer Rathhaus**, das Konkurrenz-Projekt für die **Nicolaikirche zu Hamburg** (1844), ein Plan für den **Dresdener Bahnhof in Leipzig**, ein Projekt zum Erweiterungsbau des **Schlosses zu Schwerin**, ein Plan zu einem **Rathhause für Hamburg** und eine Skizze zu einer **Schule nach Blasewitz.***)

Edirt wurden von Semper damals die kleine Schrift: „Ueber den Bau evangelischer Kirchen" (1845) und das Kupferwerk: „Das königliche Hoftheater zu

---

*) In einem in der Züricher Zeitung veröffentlichten Rückblick auf das Leben und Schaffen Sempers finde ich noch ein Projekt zu einem Hospital für Fürst Ghika und zu einem Schlosse für den Herzog von Sachsen-Gotha genannt.

Dresden, Braunschweig 1849". Von dem in den „Vorläufigen Bemerkungen" angekündigten Werke wurden die sechs Tafeln der ersten Lieferung, welche die dorisch-griechische Kunst behandelt, zur Herausgabe vollendet. Es sind dieselben aber nie in die Oeffentlichkeit gekommen und nur in einzelnen Exemplaren vom Verfasser ausgetheilt worden. Der der Lieferung vorgedruckte Titel des Werkes lautet: „Die Anwendung der Farben in der Architektur und Plastik. In einer Sammlung von Beispielen aus den Zeiten des Alterthums und des Mittelalters erläutert von G. Semper, Professor etc., Dresden 1836. Auf Kosten des Herausgebers".

Mitten in die Arbeiten für das Museum fiel die Pariser Revolution vom Februar 1848, in Folge deren eine auch in Deutschland herrschende Mifsstimmung zur Gährung und Explosion gelangte. Blutigen Ereignissen in Berlin und Wien folgten die Dresdener Maitage im Jahre 1849, jene unseligen Tage, wie sie Semper selbst bezeichnet. Anfänglich der Bewegung fern bleibend, liefs sich Semper, von seinen revolutionären Freunden an der geeigneten Seite geschickt gefasst, bestimmen den Barrikadenbau zu leiten. Auf den Rath des englischen Gesandten von seinen Plänen, den siegreich vordringenden Regierungstruppen weitere Hindernisse zu bereiten, abstehend, flüchtete er unter Zurücklassung seiner Familie, zwar nicht, jenem Rathe entsprechend nach Amerika, sondern nach Paris. Hier verweilte er bis zum Jahre 1851. Die Aussicht, sich in Gent, wohin er sich im Monat Oktober 1849 begeben hatte, eine neue Stellung als Stadtbaumeister zu begründen, zerschlug sich und gab nur Veranlassung zu einigen bald unterbrochenen Mittheilungen in Romberg's Zeitschrift, Jahrgang 1849 und 1850, denen sich gleichzeitig einige Mittheilungen über Pariser Beobachtungen anschlossen.

Dem Aufenthalt in Paris gehört ein Konkurrenz-Projekt zu einer Synagoge für Paris an. Mehrfach beschäftigten ihn auch Entwürfe, die er für seinen Freund, den Dekorationsmaler Jules Dieterle, artistischen Direktor der Porzellanmanufaktur zu Sèvres, bei dem er auch wohnte, anfertigte. Seine Absicht, nach Amerika auszuwandern, zu welchem Zwecke er seine Familie von Dresden nach Hamburg beordert hatte, gab er auf, als er auf Veranlassung des Engländers Shadwick mit dem Arrangement der Zweigausstellungen von Canada, Aegypten, Schweden und Dänemark innerhalb der Weltausstellung in London beauftragt wurde.

Das Studium der Ausstellung spiegelt sich in der vom 11. Oktober 1851 datirten Schrift: „Wissenschaft, Industrie und Kunst, Braunschweig 1852" wieder. die er in Folge einer an ihn ergangenen Privat-Aufforderung, über die Organisation eines verbesserten Unterrichts für angehende Techniker, mit besonderer Rücksicht auf Geschmacksbildung, Vorschläge zu machen, verfasste. Dieser Publikation schickte er, als Vorläufer einer projektirten aber nicht erschienenen vergleichenden Baulehre, „Die vier Elemente der Baukunst" (Braunschweig 1851) voraus, auf die er sich in „Wissenschaft, Industrie und Kunst" bezieht. Als aus den Ueberschüssen der grofsen Ausstellung *Museum and scool for practical art* in Malboroughouse errichtet wurden, berief der Chef, Mr. Cole, Semper an die Schule als Professor für Metallotechnik. In dieser Stellung hatte er die Entwürfe anzufertigen, mit welchen die Schule von Gewerbtreibenden in reichem Maafse beauftragt wurde und demgemäfs entwarf er auch den Leichenwagen für den Herzog von Wellington und leitete die dazu nöthigen Vorbereitungen. Von diesen Arbeiten ist nur wenig — ein Schränkchen für die Königin und ein Etui in der „Gewerbehalle", der Bug des Leichenwagens im „Stil" — bekannt geworden; auch in Semper's Nachlass haben sich nur einige Bruchstücke derartiger Arbeiten vorgefunden.

Von Bauprojekten stammt aus dieser Zeit wohl nur eine Skizze, die er — irre ich nicht — für das Kensington Museum entwarf. Zu nennen wären aufserdem noch der Hof für Textil-Industrie im Sydenham Palace, den er arrangirte und einige Aufsätze. die er in englischer Sprache schrieb: *On the Origin of Polychromy in Architecture* — ein Auszug aus den vier Elementen — als Anhang der Schrift: *An Apology for the Colouring of the Greek Court by Owen Jones;*

Crystal Palace Library 1854 und: *On the study of Polychromy and its revival in the Museum of Classical Antiquities No. III. July 1851 London*; John W. Parker and Son, endlich eine Kritik der „neuesten Pariser Bauten" im ersten Jahrgang (1853) der von Gutzkow redigirten „Unterhaltungen am häuslichen Heerd".

Von London wurde Semper nach Zürich an das neuerrichtete Polytechnikum berufen. Das vom 7. Hornung 1855 datirte, von Furrer unterfertigte Berufungs-Schreiben übertrug Semper die Professur für Baukunst, welche er, da der vollständigen Eröffnung (Herbst 1855) ein Vorkursus voran ging, bereits am 1. Mai 1855 anzutreten hatte, mit einem Gehalte von 5000 Fr. und am 18. Oktober desselben Jahres ward er zum Direktor der Bauschule am Polytechnikum ernannt. Am 5. Brachmonat 1858 erhielt er den Auftrag, in Gemeinschaft mit dem Staats-Bauinspektor Wolff einen Neubauplan für das Polytechnikum aufzustellen und unterm 21. August 1861 einen gleichen, doch ausschliefslich an ihn gerichteten, Auftrag in Betreff der Sternwarte. Wolff's Einfluss beim Bau des Polytechnikums erstreckte sich lediglich auf das Administrative. Das Polytechnikum wurde im Jahre 1863, die Sternwarte im darauf folgenden Jahre der Benutzung übergeben. Aufser diesen Gebäuden wurden in Zürich nach Semper's Plänen noch errichtet das Haus des Nationalrathes Fierz (hinter der Kantonal-Schule) und die auf einem Ponton plazirte, pompejanisch dekorirte Waschanstalt. — In Winterthur baute er das 1866 vollendete Rathhaus, in Castasegna eine Villa und in Afoltern einen Kirchthurm, der ihm als Aequivalent das Ehrenbürgerthum eintrug; auch das Denkmal für H. Simon am Wallenstädter See wurde nach seinen Plänen errichtet. An Projekten entwarf er während seines sechszehnjährigen Aufenthaltes in der Schweiz: einen Bebauungsplan für das Kratzquartier, einschliefslich des Planes für ein neues Rathhaus in Zürich, dann einen Bahnhof für Zürich, ein Rathhaus für Glarus, eine Kuranstalt für Ragaz und eine dergleichen für Baden in der Schweiz, eine katholische Kirche für Winterthur und eine Villa für den Obersten Rothplez daselbst, ein Projekt für den Umbau des Hôtel Schwyzerhof und ein Palais für den Obersten Segesser in Luzern, sowie ein Denkmal für Bundesrath Furrer — außerdem ein Konkurrenz-Projekt für das Theater in Rio de Janeiro, die Pläne für das Münchener Festtheater und für das Hoftheater zu Dresden, die Projekte für die Hofmuseen, den Burg-Umbau und ein mit letzterem in Verbindung stehendes Hof-Schauspielhaus zu Wien und ein Projekt für die Börse ebenda. Von Zürich aus publizirte er sein litterarisches Hauptwerk: „Der Stil in den technischen und tektonischen Künsten oder praktische Aesthetik", von welchem der erste Band in Frankfurt a. M. 1860, der zweite Band bei Bruckmann in München 1863 erschien. Vorher, im Jahre 1855, hatte er noch eine Abhandlung über Restauration des etruskischen Tempels im Deutschen Kunstblatt 8. 75 u. f., dann im J. 1856 seinen Vortrag: „Ueber die formelle Gesetzmäſsigkeit des Schmuckes und dessen Bedeutung als Kunstsymbol" und im Jahre 1859 die Abhandlung: „Ueber die bleiernen Schleudergeschosse der Alten und über zweckmäſsige Gestaltung der Wurfkörper im Allgemeinen" veröffentlicht. Ihnen schloss sich eine Mittheilung: „Die Sgraffito-Dekoration" im Beiblatt der Zeitschrift für bildende Kunst Nr. 6 und 7, Jahrgang 1868 und im Jahre 1869 der Vortrag: „Ueber Baustile" an. Der Vollständigkeit halber sei noch eine im „Frankfurter Museum" begonnene Beschreibung seiner Reise gedacht, die freilich über die ersten Anfänge nicht hinaus gekommen ist.

Im September 1871 siedelte Semper, zum K. K. Oberbaurath ernannt, nach Wien über, um hier in Gemeinschaft mit dem nach der Wiener Weltausstellung baronisirten Architekten Herrn Hasenauer, den er sich seiner genauen lokalen Kenntniss wegen als Partner gewählt, die Ausführung der im Frühsommer des Jahres 1872 im Bau begonnenen Hofmuseen zu leiten. Unter Sempers Anleitung und im Einverständniss mit Herrn von Hasenauer wurden die sämmtlichen Werkpläne und die Façadendetails in natürlicher Gröfse für die Museen auf Grund eines von Semper im Maafsstab 1 10 aufgestellten, die Profile der ganzen Façade enthaltenden riesigen Detailblattes ausgearbeitet. Von Semper rühren aufserdem die Pläne für die Vestibüle und die Innendekoration der Säle des Hochparterre her; im übrigen hat er für das Innere nur die Hauptformen und wesentlichsten Gliederungen der Räume fest gestellt, wogegen sich Herr von Hasenauer an der dekorativen Ausstattung desselben in hervor ragender Weise bethätigte. Im Sommer 1872 begann Semper die Ausarbeitung der Pläne zum neuen Hofschauspielhause, die gegen Mitte des Jahres 1873 die kaiserliche Sanktion erhielten und gegenwärtig unter der Leitung des Herrn von Hasenauer zur Ausführung gelangen. Die Pläne zum Hofschauspielhaus machen die letzte grofse Arbeit Semper's aus, sie bilden den Schlussstein seiner künstlerischen Thätigkeit.

Von Wien aus führte Semper die Oberleitung über den, noch vor seiner Uebersiedelung nach dort, am 27. März 1871 begonnenen Hoftheater-Bau zu Dresden, mit dessen spezieller Leitung Semper's Sohn, Herr Architekt Manfred Semper, beauftragt war. Der Bau währte bis zum 15. Januar 1878, an welchem derselbe der königl. General-Direktion übergeben wurde, und bald darauf, am 2. Februar, fand dessen feierliche Eröffnung statt. Der jüngere Semper erwarb sich insbesondere durch die farbige Ausstattung des Innern hervor ragende Verdienste um das Gebäude. Und in die Jahre 1872 und 1873 fällt auch die Aufstellung der Projekte für das Hoftheater zu Darmstadt, von denen das erste sowohl als das zweite modifizirte Projekt nach Sempers Angaben und Skizzen von Hrn. Manfred Semper, den der Vater mit Vollmacht für diese Arbeit betraute, in Dresden ausgearbeitet und Juli 1872, resp. Ende 1873 vollendet wurde. —

Umstände widerwärtiger Art, über welche Pecht in der Allgemeinen Zeitung — Beilage zu No. 197 — Näheres mittheilt, bestimmten Semper sich von der weiteren direkten Betheiligung an der Ausführung der grofsen Wiener Bauten zurückzuziehen und nur noch in dem inzwischen eingesetzten Baukomité für die Museen und das Hofschauspielhaus zu verbleiben. Dazu kam ein allmählich sich steigerndes Unwohlsein, das ihn veranlasste den Winter von 1876 zu 1877 in Venedig zuzubringen. Im Sommer darauf besuchte er Reichenhall. Ein heftiger asthmatischer Anfall, der sein Leben zu gefährden schien, hielt ihn auf der Rückreise im Spätherbst 1877 in Leipzig fest. Ueber Dresden, wo er des Theaterbaues wegen einige Wochen verweilte, ging er dann nach Wien zurück. Auch hier war sein Aufenthalt nur von kurzer Dauer; er wandte sich von neuem nach Italien, wo ihn in Rom am 15. Mai 1879, nach völliger Erschöpfung seiner Kraft, der Tod in Gegenwart seines ältesten Sohnes Manfred vom Leben abrief. An der Pyramide des Cestius, im Angesicht der Peterskuppel hat man ihm das Grab bereitet. —

Semper hatte sich am 1. September 1835 mit einer Dresdener Dame, Bertha Thimmig, verheirathet, die er am 13. Februar 1859 durch den Tod verlor. Von den vier Söhnen, die dieser Ehe entsprossten, hat sich der älteste, Architekt Manfred Semper, besonders durch seine Betheiligung am Baue des Hoftheaters zu Dresden bekannt gemacht. An demselben Baue war auch Emanuel Semper, der Bildhauer, gegenwärtig in Sidney, beschäftigt, von welchem die dekorativen Skulpturen herrühren. Hans Semper, Dr. phil., der Herausgeber der zweiten Auflage des „Stils", wirkt als Dozent für Kunstgeschichte an der Universität zu Innsbruck. Von Sempers beiden Töchtern verheirathete sich die eine mit dem Bürgermeister Herrn Mölling zu Kiel, die andere mit Herrn Hofrath Prof. Dr. Sickel zu Wien.

Als Preisrichter fungirte Semper in Zürich bei dem Polytechnikum, in Winterthur bei einem Gesellschafts-Hause und bei dem Universitäts-Gebäude für Basel, beim Mainzer Rathhause, bei der zweiten Konkurrenz um die Florentiner Domfaçade, bei der Berliner Dom- und Parlamentshaus-Konkurrenz, bei den Konkurrenzen um die Hamburger Kunsthalle, das Wiener Rathhaus, die neue Kirche zu Strafsburg, die Börse zu Zürich, die Theater zu Frankfurt und Posen und um den Vorhang für das neue Hoftheater zu Dresden. Seiner Entscheidung unterstellte der Kaiser von Oesterreich die Projekte für die Wiener Hofmuseen.

Die Universität Zürich kreirte Semper am 12. Mai 1864 zum Doctor philosophiae h. c. und die Münchener Akademie der Künste ernannte ihn 1862 zu ihrem Ehren-Mitglied. Mitglied der Berliner Kunst-Akademie ward er 1865 und im folgenden Jahre Mitglied der Münchener Akademie der Wissenschaften.

An Orden schmückten ihn der Sächsische Zivilverdienst-Orden, den er nach Vollendung des abgebrannten Hoftheaters am 15. April 1844 erhielt, der Komthur des Franz-Josephs-Ordens, der Komthur des Hessischen Hausordens und seit 1874 der Orden Pour le mérite. —

Dem vorstehenden summarischen Lebensabriss Gottfried Sempers liegen, neben aus Sempers Schriften entnommenen Angaben, hauptsächlich die aus Briefen und anderen Schriftstücken gezogenen Daten und sonstigen Notizen, welche ich der Güte des Herrn Manfred Semper verdanke, Mittheilungen früherer Schüler Sempers und eigene Aufzeichnungen zu Grunde. Für die Bemerkungen über Sempers Thätigkeit in Wien habe ich aufserdem den von Herrn C. Jovanovits in der Beilage zur Allgemeinen Zeitung vom 20. Mai 1879 veröffentlichten Artikel und eine Erklärung des Herrn Architekt H. Pestalozzi in Zürich, welche derselbe der Redaktion d. Bl. zugehen liefs, benutzt. Von Herrn Manfred Semper haben wir eine ausführliche Biographie seines Vaters, welche die Geschichte der Bauten desselben besonders berücksichtigen wird, zu erwarten. Auch wird Herr Semper, wenn die Verlagsfrage geordnet sein wird, eine möglichst umfassende chronologisch geordnete Sammlung der ausgeführten Bauten und der Projekte Gottfried Sempers in einem gröfseren Kupferwerke und im Vereine mit seinem Bruder, Herrn Dr. Hans Semper, eine gleichfalls chronologisch geordnete Sammlung von Sempers sogenannten kleinen Schriften herausgeben. —

Für die Beurtheilung des Meisters ist vor allem nöthig, die Prinzipien kennen zu lernen, die ihn leiteten.

Semper erkannte für alle bildenden und technischen Künste die Kunstepoche zwischen der auf Risalit- und Schnörkelwesen abzielenden, mit borrominischer Koloratur in der Form endigenden extremen Richtung und dem aus Mangel an Koloratur etwas mageren und kalten bramantesken Stile als diejenige, die sich neben der des Phidias alleinig vom Barbarenthume ganz emanzipirte (Stil I., 513). Ja er schreibt der Renaissancekunst eine grofsartige Ueberlegenheit zu, welche sie über alles Vorherdagewesene mit Einschluss der höchsten Kunst der Griechen stellt, und erklärt diese Ueberlegenheit wesentlich aus der objektiven Beherrschung der drei (oder vier) Ordnungen — der durch den Hellenismus gereinigten Urtypen —, ihrer symbolischen Verwerthung bei bestimmmter hervor tretendem Streben nach Charakteristik und inviduellem Ausdruck in der Baukunst. Mit der Befestigung der römischen Weltherrschaft beginne jene in der makedonischen Zeit vorbereitete Beherrschung, zu vollster Objektivität und Freiheit aber erhebe sie sich erst in der neuerwachten alten Kunst (Stil II., 477). Von der römischen Kunst aber sagt er, dass sie sich zur Architektur der Griechen verhalten würde wie symphonisches Instrumental-Konzert zum lyrabegleiteten Hymnus, wäre sie in gleichem Grade wie diese in sich vollendet und hätte sie sich, wie diese, aus dem dienenden Verhältnisse zu Bedürfniss, Staat und Kult zu freier selbstzwecklicher Idealität emanzipiren können. Hierin liege ihre Zukunft und die Zukunft der Baukunst überhaupt (Ueber Baustile, 28). Die Renaissance hat nach ihm nicht das Ziel, sondern wohl erst kaum die Hälfte ihrer Entwickelungsbahn erreicht, auf der sie, durch die Ungunst des modernen Zeitgeistes, von ihrer makrokosmischen Schwesterkunst, der Musik, überholt und in trostloser Entfernung zurück gelassen wurde (Stil II., 477). Semper bezeichnet den Grundsatz, es sei die architektonische Formenwelt ausschliefslich aus stofflichen konstruktiven Bedingungen hervor gegangen und liefse sich nur aus diesen weiter entwickeln, als unrichtig, da doch vielmehr der Stoff der Idee dienstbar und keineswegs für das sinnliche Hervortreten der letzteren in der Erscheinungswelt alleinig maafsgebend sei. Die Form, die zur Erscheinung gewordene Idee, sagt Semper, darf dem Stoffe, aus dem sie gemacht ist, nicht widersprechen, allein es ist nicht absolut nothwendig, dass der Stoff als solcher zu der Kunsterscheinung als Faktor hinzutrete (Stil I., XV.). Das tektonische Prinzip des hellenischen Baustiles, das zwar die Hellenen nicht zuerst ins Leben gerufen, denn es beherrscht die gesammte antike Kunst bis auf die Römer, das sie als solches aber erkannt und mit Bewusstsein gepflegt, fufst auf einem allgemeinen Gesetze in der Welt der Erscheinungen, wonach formale Kombinationen, welcher Art sie sein mögen, wenn nichts an ihnen auch nur den Gedanken an materielle Existenzfähigkeit und Dauer, also noch viel weniger den Zweifel an beides hervor ruft, das Auge wenigstens in diesem Sinne am meisten beruhigt lassen. Deshalb schlossen die Hellenen entschieden das Gewölbe, das sie recht gut kannten, als architektonisches Element aus ihrer monumentalen Kunst aus. Eben deshalb auch unterliefsen sie auf diesem Gebiete der höheren Kunst die dekorative Benützung materiell technisch-struktiver Mittel, die sie im Möbelwesen, sowie selbst im architektonischen Ausbau, z. B. an Thüren, Gittern, Treppen u. s. w., doch keineswegs verschmähten. Verzierte Maueranker, Winkelbänder oder dem Aehnliches, womit die Gothik so verschwenderisch ist, oft geradezu ornamentale Spielerei treibt, sind dem architektonischen Prinzipe der Griechen entgegen; denn sie erinnern daran, dass eine Mauer, eine Täfelung, ein Gestell oder dergleichen zu ihrem Halte der Befestigung bedurften, mithin sind sie, im höheren Sinne genommen, unkonstruktiv oder doch wenigstens unmonumental. Was dem leichten Dreifufs aus Gussmetall nothwendigen Halt und zugleich Zierde ertheilt, nämlich die Stäbe, die, einander durchkreuzend, die Füfse verbinden, kann dem Griechen niemals Motiv zu einer monumentalen Kombination sein, weil die Befestigung die selbständige Festigkeit ausschliefst (Stil II., 245 u. 246). Der hellenische Tempel ist gebaut nach ägyptischem Prinzipe, nur in mehr durchgebildeter Weise, im vollendeten Isodomgemäuer, und ausgestattet nach dem in höherem struktur-symbolischem Sinne aufgefassten asiatischen Prinzipe der Inkrustation, die aber durch diese Kombination von ihrem materiellen Dienste befreit wird und nur als Trägerin des formalen Gedankens auftritt, während sie diesen zugleich durch ein Verstecken der Steinfugen, des Baustoffes überhaupt, von letzterem gleichsam emanzipirt, so dass die Form sich allein aus sich selbst und der in ihr liegenden organischen Idee erklärt, wie die der belebten Geschöpfe, bei denen man auch nicht fragt, aus welchen Stoffen sie bestehen, obschon Qualität und Quantität des Stofflichen wichtigste Bedingungen ihrer Existenz sind und diese sich nach jenen modifizirt (Stil I., 443 u. 444). Das Prinzip der Bekleidung und Inkrustirung ist es, welches die ganze vorhellenische Kunst beherrscht und in dem griechischen Stile keineswegs abgeschwächt oder verkümmert, sondern nur im hohen Grade vergeistigt und mehr im struktiv-symbolischen, denn im struktiv-technischen Sinne, der Schönheit und der Form allein dienend, fortlebt (Stil I, 220). Kurz, Emanzipation der Form vom Stofflichen und dem nackten Bedürfniss — im gewissen Sinne die Verläugnung der Materie als solcher (Stil II., 246) — ist die Tendenz des neuen Stils.

Bei dieser Tendenz musste das hellenische Bauprinzip vornämlich die Farbe, als die subtilste körperloseste Bekleidung für sich vindiziren und pflegen. Sie ist das vollkommenste Mittel, die Realität zu beseitigen, denn sie ist selbst, indem sie den Stoff bekleidet, unstofflich; auch entspricht sie in sonstigen Beziehungen der freieren Tendenz der hellenischen Kunst (Stil I., 444 u. 445). Vom Standpunkte der stoffverneinenden antiken Kunst tritt Semper in Gegensatz zu dem konstruktiven Baustile des Mittelalters, der von der Bekleidung nichts wissen will, da sein Element eben das nackte Erscheinen der funktionirenden Theile ist, da er wie der geharnischte Seekrebs sein Knochengerüst zur Schau tragen und es zugleich in seiner Thätigkeit hervor treten lassen soll (Stil I., 320); sowie zu der grob-materialistischen Anschauung, wonach das eigene Wesen der Baukunst nichts sein soll, als durchgebildete Konstruktion, gleichsam illustrirte und illuminirte Statik und Mechanik, reine Stoffkundgebung. Dieses Prinzip hat sich in der Römerzeit, wie es scheint, zuerst erhoben, konsequenter im sogenannten gothischen Baustile entfaltet und erst in der neuesten Zeit offen bekannt. Es beruht geradezu auf einem Vergessen jener althergebrachten Typen, welche dem Zusammenwirken der technischen Künste in einer primitiven architektonischen Anlage ihren Ursprung verdanken (Stil I., 7). Veranschaulichung der absoluten Stabilität ist Grundprinzip der antiken Aesthetik — auch bei den Römern. Während aber das Stilgefühl die Hellenen veranlasste, die leiseste Reminiszenz an den inneren Organismus des Gemäuers für alle Fälle, die diese Veranschaulichung nicht gestatten, besonders am Tempelbau zu beseitigen, bewog sie dasselbe Gefühl an den Terassen dem struktiven Prinzipe, das diese enthalten — der Zellenstruktur — vollsten formalen Ausdruck zu geben (Stil II. 381). Der Römerstil wendet die Hohlstruktur des Fundamentalbaues auf den Hochbau an und auf der architektonischräumlichen Verwerthung derselben beruht sein Wesen (Stil II. 380). Schon in der alten Zeit der Könige und der Republik wurden grofsartige Nutzbauten in Quadern ausgeführt, bei denen der Bogen völlig ausgebildet und in trefflichster Ausführung erscheint (Stil I. 482). Mit dem Römerstil und seiner Realistik tritt die Baukunst in eine ganz neue Bahn (Stil II. 380). Insbesondere vertheidigt Semper die römische Verbindung der Bogenwand, die nur den Raumesabschluss zu bilden habe, mit der Säule oder dem Pilaster und ihrem Epistyle, welche die Funktion des Dachaufnehmens zu vollführen hätten, als durchaus logisch im Einzelnen wie im Ganzen. Jeder Theil sei nothwendig und erkläre sich durch seine Bestimmung, durch seinen Dienst, den er dem Ganzen leiste, mit einer Klarheit, die nicht einmal an dem dorischen Tempel in gleichem Grade hervor trete (Stil I., 483—485).— Und an dem Studium der römischen Alterthümer wuchs die Renaissancekunst zu jener köstlichen Freiheit des Schaltens über die antiken Vorbilder heran, in welcher sie sich ihren, selbst die alte Kunst verdunkelnden Ideenreichthum und Glanz erwarb. (Stil II, 466.)

Stil definirt Semper als die Uebereinstimmung einer Kunsterscheinung mit ihrer Entstehungs-Geschichte, mit allen Vorbedingungen und Umständen ihres Werdens. Vom stilistischen Standpunkte aus betrachtet, tritt sie uns nicht als etwas Absolutes, sondern als ein Resultat entgegen. Das Werkzeug, die Hand, die es führt, und ein Wille, der letztere leitet, dazu der zu behandelnde Stoff, und zwar der Stoff als physische Materie und als Aufgabe, Thema zur künstlerischen Verwerthung, bilden die Momente der Entstehung eines Kunstwerkes. (Ueber Baustile, 11 u. 12.)

Die Kunst hat ihre besondere Sprache, bestehend in formellen Typen und Symbolen (Stil I, 1), die aus urältester Tradition stammen und, obgleich nur wenige, in stetem Wiederhervortreten dennoch eine unendliche Mannichfaltigkeit darbieten und gleich jenen Naturtypen, in deren Motiven die Natur bei ihrer unendlichen Fülle doch höchst sparsam ist, ihre Geschichte haben. Nichts ist dabei reine Willkür, sondern alles durch Umstände und Verhältnisse bedungen (Stil I, VI). Diese Typen sind den verschiedenen technischen Künsten entlehnt, wie sie in primitivster Handhabung oder selbst in vorgerückter Entwickelung als die ursprünglichsten Beschützerinnen der heiligen Heerdflamme (der urältesten Symbolik der Gesellschaft und des Menschenthumes im Allgemeinen) gedacht wurden. Sie erhielten zwar sehr frühzeitig symbolische Bedeutung (theils in hieratisch tendenziösem, theils in ästhetisch formellem Sinne), wurden aber zugleich in ihrer ursprünglichsten technisch-räumlichen Benutzung niemals ganz abgeschafft, sondern fuhren auch in diesem Sinne fort, bei den späteren Umbildungen der architektonischen Formen als wichtige Agentien nachzuwirken.

Ohne die Berücksichtigung dieses ältesten Einflusses der technischen Künste auf die Entstehung der althergebrachten Formen und Typen in der Baukunst ist kein richtiges Eingehen in das Verständniss dieser letzteren möglich. Denselben Vortheil, den die vergleichende Sprachforschung und das Studium der Urverwandtschaften der Sprachen dem heutigen Redekünstler gewähren, hat derjenige Baukünstler in seiner Kunst voraus, der die ältesten Symbole seiner Sprache in ihrer ursprünglichsten Bedeutung erkennt und sich von der Weise Rechenschaft ablegt, wie sie, mit der Kunst selbst, sich geschichtlich in Form und Bedeutung umwandelten (Stil I, 6 u. 7). Semper schreibt darum seinen Stil ,in den technischen und tektonischen Künsten und zwar zunächst weil die ästhetische Nothwendigkeit gerade an diesen ältesten und einfachsten Erfindungen des Kunsttriebes am klarsten und fasslichsten hervor tritt; zweitens weil sich an ihnen bereits ein gewisser Gesetzkodex der praktischen Aesthetik typisch fest gestellt und formulirt hatte, vor Erfindung der monumentalen Kunst, die von ihnen eine bereits fertige Formensprache entlehnte, und auch in anderer ganz unmittelbarer Weise ihrem Einflusse gehorcht; drittens aber und vornehmlichst, weil jene von der Kunstgelahrtheit so qualifizirten Kleinkünste der Einfluss unserer gegenwärtigen Volkserziehung und die Tendenz des Jahrhunderts am empfindlichsten trifft, und zur beabsichtigten Hebung des Kunstsinnes im Allgemeinen, und mit ihr der Kunst, nichts mehr noth thut, als gerade auf dem Gebiete der technischen Künste diesen Gewalten entgegen zu wirken. Denn es ist nicht zu bezweifeln, dass die Kunst, inmitten eines grofsartigen Strudels von Verhältnissen, ihre Steuer, ihren Kurs, und zugleich, was das Schlimmste ist, ihre Triebkraft verloren hat (Stil I, VII u. VIII). Die Aufgabe, die er sich stellte, erheischte, die technischen Künste in Kategorien zu sondern und jede dieser Kategorien für sich in Betracht zu ziehen, insoweit dies nämlich erforderlich war, um den Nachweis ihres Einflusses auf die Entstehung der Kunstsymbole im Allgemeinen und der architektonischen Symbole im Besonderen zu geben; wobei sich zeigte, dass die Grundgesetze des Stils in den technischen Künsten identisch sind mit denjenigen, die in der Architektur walten, dass diese Grundsätze dort in ihren einfachsten und klarsten Ausdrücken hervor treten, dass sie an ihnen zuerst sich fest stellen und entwickeln (Stil I, 7 u. 8). In der Baukunst wirken die technischen Künste nach Maafsgabe ihrer funktionellen, stofflichen und konstruktiven Faktoren, die bei der Frage über den Stil in der Baukunst in Betracht kommen, zusammen. Dazu treten aber noch als mächtigste Faktoren des Stils in der Baukunst die sozialen Zustände der Gesellschaft und die Verhältnisse der Zeiten hinzu, deren künstlerisch monumentaler Ausdruck stets die höchste Aufgabe der Architektur war (Prospektus zum Stil 6 u. 7). Untersuchungen über Ursprung und Entwickelung der Baustile führen zu den wichtigsten Grundsätzen und Normen für unser eigenes Schaffen. Obschon aber die Baukunst der monumentale Ausdruck der herrschenden religiösen, sozialen und politischen Systeme ist, so gehen die Impulse zu neuen Kulturgedanken nicht von den Architekten, sondern von den grofsen Regeneratoren der Gesellschaft aus. Die Geschichte beweist durch eine Menge von Beispielen, dass die Begründer eines neuen politisch-sozialen Prinzipes stets darauf bedacht waren, diesem einen planmäfsig durchdachten architektonischen Ausdruck zu geben (Stil II, 397). Ist doch die Geschichte selbst das sukzessive Werk Einzelner, die ihre Zeit begriffen und den gestaltenden Ausdruck für die Forderungen der letzteren fanden (Ueber Baustile 10). Man ist gegen uns Architekten mit dem Vorwurf an Armuth der Erfindung zu hart, da sich nirgend eine neue welthistorische mit Kraft und Bewusstsein verfolgte Idee kundgiebt. Bis es dahin kommt, muss man sich, so gut es gehen will, in das Alte hinein schicken (Ueber Baustile 31). —

Dies ist in ganz allgemeinen Zügen und, soweit möglich, mit des Meisters eigenen Worten, Sempers Glaubensbekenntniss, wie er es im „Stil" und in dem Vortrage „Ueber Baustile" nieder gelegt hat, das Glaubensbekenntniss des Architekten, in welchem sich aber zugleich der Philosoph und Gelehrte, der Chorführer kunstindustrieller Bestrebungen, der selbstständige Denker dokumentirt.

Den Segen einer tüchtigen humanistischen Bildung, die Semper als Grundlage der künstlerischen Erziehung verlangt, hat er an sich selbst erfahren. Sie ist das Fundament, auf welchem sein ganzes geistiges Leben sich aufbaut, die Voraussetzung seiner späteren künstlerischen und wissenschaftlichen Thätigkeit.

Dann aber wirkt besonders Paris nachhaltig auf ihn ein. Es ist das geistig gährende, von den entschiedensten Gegensätzen bewegte, vor einer Revolution stehende Paris, revolutionair auch auf den Gebieten der Kunst, das ihn aufnimmt. Delacroix hatte der Klassizität bereits in mehren mit Feuer und Leidenschaften gemalten Bildern den Krieg erklärt und Victor Hugo, das Haupt der jungen literarischen Fanatiker, stand im Begriff, seinen Cromwell, der darauf angelegt war, einen wahren Sturm zu entfesseln, zu veröffentlichen. Freilich war jene Glanzleistung der französischen Baukunst, Duban's *École des beaux-arts,* noch nicht geschaffen und Hittorff, der zwar als Architekt des Königs fungirte, war mit seinen bedeutenden Bauten und Schriften noch nicht hervor getreten. Neben den französischen Architekten ist es der Deutsche Gau, der den hervor ragenden Baukünstler mit dem weitgereisten Forscher vereinigt und der einer der ersten war, welche auf den Zusammenhang der Kulturentwickelung mit der Kunstentwickelung hingewiesen. Gau war ein feiner Künstler, der aus dem inneren Wesen der Aufgabe heraus die äufsere Form zu gestalten suchte, ein tüchtiger Kenner der Renaissance. Ihm schloss sich Semper an. So lernte er die Renaissance kennen und lieben und in emsiger, am frühen Morgen beginnender Arbeit, die nur unterbrochen wurde, um Mittags im Atelier Brot und Milch einzunehmen, eignete er sich in Paris die folgerichtige, allein den Erfolg verbürgende Methode an, von der man im romantischen Deutschland nichts wissen wollte, ja kaum eine Ahnung mehr hatte. So studirte er den Grundplan und begeisterte sich an den grofsartigen Projekten der jungen französischen Akademiker. Betrachtet man die von Gau zu Seiten der Julisäule errichtete, in Wirklichkeit längst wieder abgetragene kleine Wache, so findet man alle die Elemente, welche einen Semper'schen Bau charakterisiren und man würde sie, sähe man sie im Abbilde und wüsste ihre Geschichte nicht, unbedenklich für eine Schöpfung Semper's zu halten versucht sein. Semper's eigene Arbeiten aus dieser Pariser Zeit zeigen freilich noch wenig Eigenthümliches und ein Projekt zu einer medizinischen Schule, von akademischer Disposition, bewegt sich noch völlig in den Formen des Empire. Dass Semper aber durch Gau auch nach der kunstphilosophischen Seite hin beeinflusst wurde, geht, wenn es nicht bei seinem Anschlusse an Gau und dessen Ansichten selbstverständlich wäre, aus dem Briefe hervor, den Gau an Semper nach Dedikation der „Vorläufigen Bemerkungen" richtete und worin er sagt: Das Büchlein sei ihm Bürge, dass Semper ihn verstanden habe; er sei in allem übereinstimmend. Seine Bemühungen, sein weniges Wissen nützlich zu machen, seien nun belohnt und er könne hoffen, dass der Same, den er gestreut, dem Vaterlande reichliche Früchte bringen werde. —

Auf's beste vorbereitet begiebt sich Semper nun auf seine Studienreise, eine „arbeitsvolle aber sorgenlose" Zeit, deren er noch im späten Alter nicht ohne Rührung gedenken konnte. Auf klassischem Boden, unter dem Eindrucke der grofsen Kunstwerke der Vergangenheit, gefördert durch die Freundschaft eines genialen Genossen, Jules Goury, an den er schrieb: „Du bist die Quelle, aus der ich schöpfe", reifte Semper mehr und mehr der Meisterschaft entgegen; offenen Geistes beobachtend, vergleichend, aufnehmend. Wir finden ihn, die Trajanssäule, eine sich darbietende Gelegenheit benutzend, auf das Eingehendste untersuchend, mit Goury — im Jahre 1832 — „herumkletternd und kratzend an Wänden und Säulen" des Theseustempels, Parthenon, Erechtheion und des choragischen Monumentes des Lysikrates und im selben Jahre in Rom gegenwärtig, als am Fufse des Palatin, neben der *Via sacra* unweit des Titusbogens, ein alter wahrscheinlich republikanischer Arkadenbau, der mit rothem Stuck überzogen war, entdeckt wurde.

Wie er aus Griechenland und Italien eine fertige Anschauung mitbrachte, die, wenn schon erweitert und modifizirt, doch den Grund- und Eckstein seines ganzen zukünftigen künstlerischen Wesens ausmachte, das lehrt uns sein „wenige Tage" nach seiner Rückkunft geschriebenes Werkchen „Vorläufige Bemerkungen über vielfarbige Architektur und Plastik bei den Alten". Es ist zu bezeichnend, als dass es nicht dem Gedankengange nach hier angezogen werden müsste. Semper beginnt mit dem Bemerken, dass er bei seinen Wanderungen auf jenem klassischen Boden auf den Zusammenhang lauschen musste, der dort Natur und Kunst, Altes und Neues verknüpft, so dass das eine aus dem andern organisch erwächst und Alles als Naturnothwendigkeit erscheint. Dann fährt er fort: Es ist uns versagt, uns eine richtige Anschauung der Antike in ihrer Neuheit, im Einklang mit dem Zustande der menschlichen Gesellschaft in jenen Zeiten und mit südlicher Natur zu bilden, weil uns in den Begriffen, die über die Monumente der Alten verbreitet sind, eine Lücke bleibt, die den Weg zum Verständniss jenes Zusammenhanges unzugänglich machte. Ein gründliches Verständniss des Alterthums, das Eingehen in den Sinn der Antike bei Kunstleistungen ist nicht möglich, so lange die wichtige Frage über die Polychromie antiker Monumente unberührt bleibt. Semper betrachtet nun den Gang, den die Kunstentwickelung, vom Schmucke ausgehend, genommen. Von selbst habe sich das Verhältniss der Architektur zu den übrigen Schwestern entwickelt. Auf Monumenten waren die Künste berufen, bald im schönen Wettstreit sich einzeln zu zeigen, bald in mannichfaltigen Verbindungen im Chor — wobei der Architekt Chorage war — zu wirken. Die Ueberreste aller Zeiten und Völker bis auf die wichtige Periode der Wiedergeburt hinunter, Alles trägt den Charakter antiker Polychromie. Brunelleschi mit seinen Zeitgenossen und nach ihm die römischen und florentinischen Meister alle, namentlich Michel Angelo, treten uns zum erstenmal mit ungemalter nackter Architektur entgegen. Im Enthusiasmus für die Antike, ihren Geist gleichsam nur am Borne trinken zu wollen, übersahen sie die schwachen Spuren von Farben, Bronzen und anderer mobiler, aber durchaus ergänzender Einzelheiten an den vorhandenen Ueberresten des Alterthums und verwarfen darum die Traditionen ihrer Väter. So verfehlten sie den rechten Weg und verfielen in Risalit- und Schnörkelwesen, um den mageren kalten Stein-

massen in ihren leeren Verhältnissen Abwechselung von
Schatten und Licht, Fülle und Leben zu ertheilen — und
Winkelmann, der nach vier Jahrhunderten zum erstenmal
wieder auf die Antike hinwies, hielt, obgleich Pompeji erstanden war, den Irrthum, Architektur und Plastik weiss zu
sehen, fest. Auch das für seine Zeit bewunderungswürdige
Stuart'sche Werk theilt die Andeutungen über antike Wandmalerei gleichsam mit Unglauben und Widerwillen mit; den
Begriffen der Zeit waren sie zu fremd. Erst unserer Zeit
war es vorbehalten, die noch vorhandenen Spuren der Polychromie zu sammeln und durch ein aus ihnen gebildetes
System die Antike mit ihren Umgebungen im Raume und in
der Zeit wieder in Einklang zu bringen.

Semper gedenkt der Beiträge vorzüglich englischer Reisender und des Dr. Brönsted zur Kenntniss der Polychromie
griechischer Werke und der Hittorff'schen Restauration der
Tempel von Selinus. Und nun wendet er sich gegen die an
der Polychromie Ungläubigen und verficht zunächst die angezweifelte Echtheit der Malereien, weist ihre Nothwendigkeit
im Süden nach, und erklärt, dass und warum die Alten ihren
Marmor, einen so herrlichen Stoff mit Farben bedeckten.
Gerade dieser Theil der antiken Architektur sei Gegenstand
seines besonderen Studiums gewesen, dem jedoch das der
Konstruktion und Formen voran gegangen sei. „Aber diese
Formen erklären sich erst und lernen sich verstehen aus den
bisher so sehr vernachlässigten Aeuſserlichkeiten der Architektur." Nun setzt er auseinander, wie Opfergaben, Blumen,
Früchte, Waffen, Reste der Schlachtopfer, die man an den
Auſsenwänden und im Innern des Heiligthums anbrachte, mit
Ausbildung des Kultus bildlich dargestellt und als charakteristischer Theil dem Monumente einverleibt wurden, wie
Skulptur und Malerei sich bei ihren Darstellungen unterstützten, und verfolgt die allmähliche Ausbildung der „typischen Verzierungen" von ursprünglich symbolischer Bedeutung,
der Perlenschnüre, Eierstäbe, Herzblattfüllungen, Rosetten,
Mäander u. s. w. So seien auf dem griechischen Echinus,
dem römischen Viertelstabe stets Eier gemalt oder plastisch

dargestellt und wo diese fehlten, seien sie zu ergänzen; das dorische Antenkapitäl erkläre sich lediglich aus den darauf gemalten Blattformen; so erscheine das Profil eines zierlich aufsteigenden und sanft mit dem Haupte herüber fallenden Blattes. Auch zur Erklärung von konstruktiven Eigenthümlichkeiten sei das Studium der Farben von Wichtigkeit. Stelle man da, wo die Beobachtung Lücken lasse, Rückschlüsse an, so sei es leichter dem Zusammenhange auf die Spur zu kommen und ein System der Tempelverzierung aufzustellen, wobei neben der Malerei der metallene Zierrath, die Vergoldung, die Draperie von Teppichen, Baldachinen und Vorhängen und das bewegliche Geräth und mehr noch die mitwirkende Umgebung und die Staffage von Volk, Priestern und Festzügen nicht ausser Augen zu lassen sei. Dann erläutert er den Plan seines projektirten Werkes über Polychromie und schliesst mit einigen Bemerkungen gegen Raoul Rochette.

Im Gegensatze zu der Ottfried Müller'schen, später durch Bötticher vertretenen Ansicht behauptet Semper, schon um der Farbe willen, den innigen Zusammenhang der griechischen und römischen Kunst mit der vorklassischen einerseits und mit der mittelalterlichen andererseits, ohne welchen die Antike einfach unerklärlich erscheint und verkündet divinatorisch das System der Polychromie der griechischen Architektur und Skulptur. Und wenn Semper den Echinus stets durch Malerei oder Plastik dekorirt wissen will und im Kymation das erst durch Malerei verdeutlichte, überfallende Blatt erkennt, wenn auch ihm jene Symbole also „eine zum Verständniss des Ausdruckes ganz unentbehrliche Bedingung" sind, so spricht er bereits Ansichten aus, die mit den späteren des Verfassers der Tektonik der Hellenen eine grofse Verwandtschaft haben, obschon er sich zu der Trennung von Kernform und Kunstform Bötticher's jetzt so wenig erhebt, als er sie später billigt.

Dass aber die Tektonik auf Semper's weitere Anschauungen von erheblichem Einflusse war, wird sich kaum in Abrede stellen lassen. Was Bötticher von der tektonischen Symbolik und deren Gewinnung, von der Wesenheit der Wand und deren Gegensatz zur Funktion der Säule, von ihrer Stellvertreterschaft des Teppichs und ihrer Dekoration nach dem Analogon des Teppichs, von dem Hieron, das er als Skene denkt, sagt: alles das fällt auf fruchtbarem Boden in Semper, der es nun aber mit universellerem Sinne auffasst, mit historischem Geiste durchdringt. Daraus aber und unter stetem Festhalten seiner kunstgeschichtlichen Ueberzeugungen, gezeitigt durch die Mufse des Exiles und befruchtet durch das Studium der Museen in Paris und London, durch den Einfluss der Londoner Ausstellung und seiner dortigen Thätigkeit entwickeln sich „die vier Elemente", das Fundament des „Stils". Und der nämliche Geist waltet in der ziemlich gleichzeitigen Denkschrift „Wissenschaft, Industrie und Kunst". Semper deckt die mit Scharfblick erkannte — unläugbar noch heute, aber auch heute noch naturnothwendig bestehende — Misere unserer Kunst- und kunstgewerblichen Produktion, welche vor allem „in dem Mangel an Vermögen, die von der Wissenschaft zu beliebiger weiterer Verwerthung überlieferten Stoffe so zu bemeistern, dass die neuen Schöpfungen das Gefühl strenger Nothwendigkeit und geistiger Freiheit erhalten", wurzelt, erbarmungslos auf und kommt zu dem, meiner Ueberzeugung nach, ganz unanfechtbaren Resultate, dass unsere Kunstindustrie, während sie richtungslos fortwirthschaftet, unbewusst das hehre Werk der Zersetzung traditioneller Typen durch ihre ornamentale Behandlung vollzieht. Und weil dieser Prozess der Zersetzung vollendet werden muss, und unter Mitwirkung der Spekulation und der auf das Leben angewandten Wissenschaft vollendet werden muss, ehe Gutes und Neues erfolgen kann, so freut er sich als Künstler, der nur vorerst und scheinbar den Künsten abholden Gewalt der Verhältnisse. „Mögen die Erfindungen, die Maschinen und die Spekulation nur wirken, was sie vermögen, damit der Teig bereitet werde, woraus die konstruirende Wissenschaft, diese heilende Achilleslanze, die neue Form gestalten könne. Vor der Hand aber muss die Architektur von ihrem Throne herab steigen und auf den Markt gehen, um dort zu lehren und — zu lernen." Eine Reform der jetzigen Zustände aber könne nur durch einen zweckmäfsigen und möglichst allgemeinen Volksunterricht des Geschmackes geschehen, wobei das Beispiel und die praktische Unterweisung das Wesentliche, die mündliche Lehre das Sekundäre bleibe. Sammlungen, Ateliers und Vorträge aber sollen organisirt werden nach Maafsgabe der Elemente der häuslichen Niederlassung: Heerd, Wand, Terrasse, Dach, und des Zusammenwirkens derselben unter dem Vorsitze der Architektur. In den „vier Elementen" aber bekennt er, dass ihm sein Jugendtraum, „die zur Bildsäule wiedererstarrte Schöpfung des Prometheus, durch den Ruf einer begeisterten Gegenwart erweckt, von farbigem Glanze umduftet, von ihrem Piedestal herab in unserer Mitte" treten zu sehen, in „abscheuliche Fratzen" zerflofsen sei und dass die polychromen Experimente in Deutschland in ihm ein solches Entsetzen erregt hätten, dass er darauf verzichtet, antike Polychromie anzuwenden und in der Dekoration lieber die Traditionen der alten Italiener, verbunden mit der Anwendung farbigen Materials, wo es die Umstände erlaubten, als mit dem Standpunkte der modernen Malerei am meisten übereinstimmend, befolgt habe. „Doch sind das Alles nur armselige Hausmittel, die keinen alterssiechen Zustand in Jugendkraft verwandeln können. Nicht der Kräuter der Medea, wohl aber ihres verjüngenden Kessels bedarf es."

Im „Stil" endlich, dem die in den vier Elementen in ihren Hauptzügen entwickelten Prinzipien zu Grunde liegen, behandelt er die in der Baukunst zu monumentalen Zwecken zusammen wirkenden technischen Künste, zu denen er neben der textilen Kunst, der Keramik, Tektonik und Stereotomie, als fünfte die Metallotechnik zählt, (welche letztere er in „Wissenschaft, Industrie und Kunst" zum grofsen Theile, als um den Heerd, die Feuerstätte, als ihren gemeinsamen Mittelpunkt gruppirt, der Keramik und soweit sie sich mit Metallarbeiten, die nur dem Stoffe, nicht aber dem Motive nach zu dieser Familie zu rechnen sind — Metalltischen, Metallbetten, Metalldächern — beschäftigt, den Tischler- und Zimmerarbeiten zuweist), nach ihren funktionellen, stofflichen und konstruktiven Faktoren, die bei der Frage über den

Stil in der Baukunst zur Geltung kommen. Er entwickelt hierbei eine Beherrschung und Durchdringung des Stoffes nach der physikalischen, technischen, historischen und ästhetischen Seite, die wahrhaft überwältigend ist, und baut das Gebäude seiner Anschauung mit einem solchen Schöpfungsvermögen, einer solchen Ueberzeugungskraft auf, dass wir das Werden und die naturnothwendige Entwickelung der Kunstbethätigung des Menschengeschlechtes im organischen Zusammenhange schauen. Er schreibt das Werk als Architekt und um der Architektur willen; in ihm spricht er seine künstlerische Ueberzeugung, die er nach allen Richtungen hin, auch wissenschaftlich zu begründen bemüht ist, aus. Gleichwohl bekennt auch der Archäolog — und hierbei beziehe ich mich auf ein an mich gerichtetes Schreiben des Herrn Professor C. Bursian, einer Autorität ersten Ranges auf diesem Gebiete — eine Fülle von Anregung und Belehrung daraus geschöpft zu haben und bezeichnet es von seinem Fachstandpunkte aus geradezu als eine der bedeutendsten Erscheinungen, welche unser Jahrhundert auf dem Gebiete der Kunstforschung hervor gebracht hat.

Von der in der Vorrede zu den „vorläufigen Bemerkungen" ausgesprochenen Ansicht, dass die Kunst nur einen Herrn: das Bedürfniss, habe, ist Semper nun zurück gekommen; die Baukunst müsse sich aus dem dienenden Verhältnisse zu Bedürfniss, Staat und Kult zu freier selbstzwecklicher Idealität emanzipiren, hierin liege ihre Zukunft. Und ebenso erkennt er nun in der Geschichte das Werk Einzelner, der grofsen Regeneratoren der Gesellschaft, die zugleich als die bewufsten, nicht zufälligen Stilbegründer auftreten, während er früher eine Ausartung der Kunst da voraus sah, wo sie der Laune des Künstlers, mehr noch, wo sie mächtigen Kunstbeschützern gehorcht, deren Wille wohl ein Babylon, ein Persepolis, ein Palmyra aus der Sandwüste zu erheben vermöge, deren Werk aber das organische Leben griechischer Kunst nicht sei. Es ist ihm jetzt der hellenische Peripteros in seiner kulturgeschichtlichen Bedeutung und der ihr gemäfsen Entfaltung die bewufste Konzeption derselben organisatorischen Geister, welche auch berufen waren, die hellenischen Städte-Verfassungen zu ordnen und ihre Gesetze fest zu stellen.

Der dritte Band des „Stils", in welchem gezeigt werden sollte, wie zu dem Zusammenwirken der technischen Künste zu monumentalen Zwecken in der Baukunst als mächtigste Faktoren des Stils die sozialen Zustände der Gesellschaft und die Verhältnisse der Zeiten hinzu treten, deren künstlerisch monumentaler Ausdruck stets die höchste Aufgabe der Architektur war, und in welchem die Fragen: „Wie erkennen und verwerthen wir die sozialen Motive und alles Neue, was unsere Zeit bietet, mit wahrem stilgeschichtlichen Geiste und welche Aufgaben sind in dieser Beziehung die wichtigsten?" Beantwortung finden sollten, ist nicht erschienen. Semper hat das Manuskript, wie er einem meiner Freunde erzählte, verbrannt. In seinem Nachlasse haben sich Anzeigen für das Vorhandensein oder Vorhandengewesensein desselben ergeben, aber ausser einem Anfange von einigen Bogen und vielen, besonders Assyrien betreffenden Exzerpten hat sich bis jetzt nichts vorgefunden. —

Den Schlüssel für Semper's schöpferische Thätigkeit, zur Zeit seines Wirkens in Dresden wenigstens, giebt er selbst mit den Worten: „Soll unsere Kunst den wahren Ausdruck unserer Zeit tragen, so muss sie den nothwendigen Zusammenhang der Gegenwart mit allen Jahrhunderten der Vergangenheit, von denen keines, auch nicht das entartete, vorüber gegangen ist, ohne einen unvertilgbaren Eindruck auf unsere Zustände zu hinterlassen, zu ahnen geben und mit Selbstbewusstsein und Unbefangenheit sich ihres reichen Stoffes bemächtigen." (Ueber den Bau evangelischer Kirchen). „Wir sollen uns bestreben, mit männlicher Reife des Wissens genug Unbefangenheit, Freiheit und Phantasie zu verbinden, um die Aufgabe, die vorliegt, mit Selbständigkeit, aber auch mit Berücksichtigung des Vorausgegangenen genügend zu lösen. Dies ist um so nothwendiger, als selbst der Eindruck, den ein Bauwerk auf die Massen hervor bringt, zum Theil auf Reminiszenzen begründet ist. Ein Schauspielhaus muss durchaus an ein römisches Theater erinnern, wenn es Charakter haben soll. Ein gothisches Theater ist unkenntlich, Kirchen im altdeutschen oder selbst im Renaissancestil des sechszehnten Jahrhunderts haben für uns nichts Kirchliches. Auf diesem Standpunkte stehen wir nun einmal." (Erläuterungsbericht zu dem Konkurrenz-Projekte für die Nikolaikirche zu Hamburg, Rombergs Bauzeitung, Jahrgang 1846). „Der Rundbogen gewährt eine mannichfaltige Charakteristik der Gebäude; die feinsten Abweichungen der Formen und Verhältnisse, wie bei der menschlichen Gesichtsbildung, sind hinreichend, dem Bauwerke ein ganz anderes Gepräge aufzudrücken; durch ihn, wie durch das griechisch-römische Säulenelement kann der Ausdruck in der Baukunst fast zu physiognomischer Freiheit erhoben werden." (Ueber den Bau evangelischer Kirchen). Ein Justizpalast muss nach Semper den Charakter des Dogenpalastes tragen und dem Schüler, der auf diese Aeufserung hin bei einer akademischen Preisbewerbung, bei welcher ein Justizpalast als Aufgabe gestellt war, den Dogenpalast reproduzirte, half er mit Vorliebe bei seiner Arbeit und liefs ihm eine goldene Medaille ertheilen. Und er zögerte nicht, auch die Gothik in Anwendung zu bringen, wo sie ihm aus irgend welchem Grunde passend zu sein schien. Der englisch-gothischen Kaserne für Bautzen und des Bevilaqua-Pokals ist Erwähnung geschehen; auch die Skizzen für ein Hamburger Rathhaus und für eine Schule in Blasewitz waren gothisch, desgleichen eine Version seiner Nikolaikirche; gothisch ist auch sein Dresdener Cholerabrunnen. Dessenungeachtet machte er schon in dem Schriftchen „Ueber den Bau evangelischer Kirchen" gegen die Gothik Front; auch entschloss er sich zu der späteren Umbildung der Façaden für die Nikolaikirche im gothischen Stile wohl nur darum, weil er hoffte mit dieser Abänderung die Gothiker *à-tout-prix* zu gewinnen. Dadurch aber wird der Umstand, dass seine ganze Kunstbildung auf griechisch-römischer Kunst und auf der Renaissance ruhte, nicht alterirt. Später erwartete er ausschliefslich von diesen Bauweisen das Heil und bediente sich ihrer bei Ausgestaltung seiner Pläne. Charakteristisch ist die Klage in seiner im

Frankfurter Museum begonnenen Reisebeschreibung darüber, dass die Verhältnisse es nicht gestatteten, griechisch zu bauen; er weist aber die in den vier Elementen aufgeworfene Frage: Sollen wir wieder anfangen griechische Tempel zu bauen und versuchen, ob es uns diesmal mit Anwendung antiker Polychromie und aller nun enthüllter Finessen antiker Kunsttechnik besser gelinge als früher? mit der Antwort zurück: Das wäre ein erschreckliches Unglück. Die Verwendung des Rundbogens bei seinem Konkurrenz-Projekte für die Nikolaikirche zu Hamburg mit hauptsächlicher Anlehnung an romanische Motive und bei der Synagoge zu Dresden mit Heranziehung maurischer Elemente entspricht wohl dem damals aufgestellten Gesichtspunkte, dagegen tritt er mit der im Stile Palladios entworfenen Kirche für Winterthur mit seiner obigen Behauptung in entschiedenen Widerspruch.

Dass Semper's Dresdener Bauten der architektonische Lokal-Charakter Dresdens nicht nur im Allgemeinen, sondern auch im Speziellen beeinflusste, lässt sich unschwer nachweisen. Die Behandlung der Rustik und der Rustiksäulen-Portale im Parterre des abgebrannten Hoftheaters sowohl, als des Oppenheim'schen Palais z. B., ähnelt sehr, nur in eleganterem Maafse, derjenigen der prächtigen, von Kraft und Fülle strotzenden Portale des Königlichen Schlosses.

Und ebenso lässt sich bei seinen Bauten und Projekten aus dieser Zeit zumeist das bauliche Motiv klar erkennen, in welchem er den ihm jeweilig vorschwebenden Charakter vorgedeutet fand. Er verstand aber dasselbe so umzuarbeiten und seinem Zwecke dienstlich zu machen, dass es nicht als ein herzu geborgtes Fremdes, sondern als ein eigener zugehöriger Theil seiner baulichen Erfindung, als sein durch Neuschöpfung wohlerworbenes Eigenthum erscheint. So gab für das Oppenheim'sche Palais der Palast Pandolfini zu Florenz, für die Zwingerseite des Museums Sansovino's Bibliothek zu Venedig, für die Platzseite desselben Gebäudes eine römische Anordnung ein wesentliches Motiv; für sein Nikolaikirchen-Projekt aber mochte die Dresdener Frauenkirche nicht ohne Einfluss geblieben sein. Bei seinen späteren Werken machen sich derartige direkte Veranlassungsmotive in der Façadengestaltung nur noch selten bemerklich, dagegen schloss er sich im Einzelnen immer strenger an Vitruv uud Palladio an.

Und von der graziösen Behandlung der Renaissance, wie sie das alte Dresdener Theater uud die Villa Rosa zeigen, wendet er sich bereits im Oppenheim'schen Palais und im Dresdener Museum, und von nun an immer entschiedener, der Hochrenaissance zu und verbindet sie mit Elementen der Spätrenaissance, dabei immer wieder, und im Grundplan immer mehr, auf Römisches zurück greifend. Dem Gothischen, dem Romantischen überhaupt, kehrt er den Rücken. Die Prinzipien, wie er sie im „Stil" entwickelt, sind ihm nun für sein künstlerisches Gestalten ausschliefslich maafsgebend; sind sie doch das Ergebniss seiner, in praktischer Thätigkeit und im angestellten Nachdenken darüber, sowie über die Aufgaben der Architektur überhaupt, gewonnenen Ueberzeugungen.

Von Seiten seiner deutschen Fachgenossen wird Semper befruchtende Anregung und Förderung kaum erhalten haben. Sein ganzer künstlerischer Bildungsgang weist auf Frankreich und Italien hin, und wenn er in seinen Dresdener Bauten alles Gleichzeitige überbot und im Dekorativen für Deutschland völlig Neues schuf, zum Theil unter Benutzung französischer Künstler, die er nach Dresden kommen liefs, so dürfen, um ein richtiges Urtheil zu gewinnen, die gleichzeitigen architektonischen Bestrebungen in Paris nicht aufser Acht gelassen werden, die ein sehr respektables Gegenbild bieten. Hittorff, Gilbert, dessen Irrenhaus zu Charenton Semper für mustergültig erklärte, Lesueur, der Architekt des *Hôtel de ville*, Semper's Freund und Dresdener Gehülfe Séchan leisteten nach der einen oder der anderen oder nach beiden Seiten hin ganz Hervorragendes, und wenn Duban, dessen Restauration der Ste. Chapelle er allerdings seinen Beifall nicht versagte, Labrouste und ihre Anhänger bei Semper die gebührende Anerkennung nicht fanden, weil ihre Richtung weniger auf Erreichung des musikalischen Voll- und Wohlklanges, den Semper erstrebte, zielte, so kann ihnen und vor allem Labrouste, gerechterweise doch das Zeugniss nicht vorenthalten werden, dass sie in dem mit treuester Hingabe verfolgten Streben, den Bau mehr eigenartig aus den zwecklichen, konstruktiven und materiellen Bedingungen heraus innerlich und äufserlich zu gestalten, in die innerste Wesenheit der Aufgabe einzudringen und darnach die Lösung selbständig zu suchen, Werke schufen, die, wie die Bibliothek von Ste. Geneviève von Labrouste, mit einer sprechenden Physiognomie eine gewaltige monumentale Wirkung und Grofsartigkeit verbinden. Nach meinem Dafürhalten liegt jenen Bestrebungen ein Etwas zu Grunde, das für die Fortentwickelung unserer Kunst nicht so ganz nebensächlich sein, nicht unterschätzt werden dürfte.

Es wäre auch Unrecht, verkennen zu wollen, dass, ausser anderen Architekten, namentlich Klenze früher noch als Semper in Deutschland auf die italienische Renaissance zurück griff und wir auch diesem, so besonders in seiner Pinakothek, Bauten von echter Monumentalität, in seiner Allerheiligen Kirche einen Innenraum von weihungsvoller Stimmung zu verdanken haben: aber so eigenster Ausdruck des innersten Empfindens, so sehr die angeborene architektonische Sprache wie Semper ist ihm die Renaissance, die ihm mehr nur ein Schema blieb, doch lange nicht. Und als es sich um den Bau der Nikolaikirche handelte, so war Semper wohl der einzige deutsche Architekt, der damals im Stande gewesen wäre, diesen Bau in einer seiner Bedeutung ebenbürtigen Weise künstlerisch zu beherrschen.

Während ihm aber seine Fachgenossen in Deutschland wenig zu bieten vermochten, wurde ihm das Glück zu Theil, in Dresden selbst in dem grofs angelegten, genialen Ernst Julius Hähnel, „seinem Bildhauer", den er zur Uebersiedelung von Rom bewog, einen ebenbürtigen Künstler zu finden, dessen Name mit den Hauptwerken Semper's in Dresden, dem alten Theater und dem Museum, eng verknüpft ist. Und wie Semper im Gebäude-Innern der Malerei eine Stätte bereitete, so wies er, der „Chorage", auch der Skulptur ihre Stelle an. Den Meistern Rietschel und Hähnel anvertraut, ist sie es, die das Museum vornehmlich in die Sphäre edler, selbstgenügender Schöne erhebt, die dieses Gebäude vor allen anderen auszeichnet und die es den Glanzleistungen des *Cinquecento* ebenbürtig erscheinen lässt.

Die von ihm bitter beklagte Zeit des Exils und was damit zusammen hing, förderte Semper nach der theoretischen Seite hin; schwerlich wäre bei dauerndem Verweilen in Dresden der „Stil" entstanden. Seine späteren Bauten sind bewusster, reifer geworden.

Allen Bauten Semper's aber, fast ohne Ausnahme, ist Physiognomie und jene Allgemeinverständlichkeit in der Erscheinung gemein, welche über die Wesenheit und Bedeutung des Bauwerks keinen Zweifel aufkommen lässt, jene Zugehörigkeit zu dem Orte, als ob der Bau auf ihm erwachsen wäre. Von der feinen Grazie und vollendeten Harmonie des alten Dresdener Theaters, das sich mit Bewusstsein, wenn auch mit einer gewissen Zurückhaltung zwischen seinen genialen Nachbarn behauptete, schreitet Semper fort zu jener souverainen Freiheit in der Benutzung der architektonischen Ausdrucksmittel zum Zwecke eigenartigen Gedankenausdruckes, wie sie das neue Dresdener Hoftheater zeigt, und steigert in den Wiener Hofmuseen die Wirkung zu einem fast an die Fanfaren des Barocks erinnernden Ausdruck. Und am Hoftheater wenigstens will es scheinen, als ob er die Feinheit in der Durchbildung des Details, wie sie seinen älteren Dresdener Bauten eigen, dem Gesammtausdruck untergeordnet und nachgestellt habe. An die künstlerische Vornehmheit des Dresdener Museums reicht nach meinem Ermessen keiner seiner späteren Bauten heran, wie die Genialität in der Gesammt-Charakteristik und in der Großsartigkeit des Aufbaues des neuen Hoftheaters zu Dresden von keinem andern Bau Semper's erreicht wird. —

Möge sich dem Versuche, den Entwicklungsgang Semper's darzulegen, eine kurze Betrachtung seiner Werke anschließen.

Es war im Jahre 1835, bald nach seiner Berufung nach Dresden, als Semper den Auftrag erhielt, geeignete Plätze für Aufstellung der vom Bildhauer Professor Rietschel entworfenen Bronze-Statue des Königs Friedrich August des Gerechten, deren unter Schinkels Mithülfe entstandenes Piedestal

Semper gleichzeitig in einigen Theilen abänderte, in Vorschlag zu bringen. Semper ergriff die Veranlassung, im Anschlusse an jene Aufgabe und angeregt durch sie, eine Anlage zu projektiren, welche die um das Königliche Schloss gelegenen Baulichkeiten, die katholische Kirche und den Zwinger, und drei andere in Aussicht genommene Gebäude — ein neues Hoftheater, eine neue Orangerie und eine neue Bildergallerie — zu einem grofsen, sich bis an die Elbe erstreckenden und mit dieser durch Freitreppen verbundenen Ganzen vereinigte und inmitten eines vom Zwinger und den neuen Baulichkeiten umschlossenen Platzes Raum für Aufstellung des fraglichen Monuments, gleichzeitig aber auch für eine ganze Reihe weiterer Monumente hervor ragender Personen, für eine Monumentenstrafse, bot. —

Auf die Axe der ganzen Anlage stellte er die Schinkelsche Hauptwache, mit der Rückseite der Elbe zugewandt. Ursprünglich hatte er auch diesen Punkt für Aufstellung des Monuments mit in Vorschlag gebracht, wobei ihm das Kurfürsten-Monument auf der Kurfürstenbrücke zu Berlin vorschwebte, ein Plan, welcher, von finanziellen Gründen ganz abgesehen, wohl schon darum aufgegeben wurde, weil sich dorthin vielleicht ein Monument gleich dem genialen Schlüterschen Werke — Reiter und Postament —, nicht aber jene sitzende Statue auf dem zahmen zimperlichen Postamentkasten geschickt hätte. In dem, seiner leitenden Idee nach, gewissermafsen dem von Hallen umgebenen, von Tempeln und Staatsgebäuden überragten, mit Monumenten, Brunnen und Statuen gezierten Forum nachgebildeten Projekte, das sich (in gewissem Sinne wenigstens) als Weiterführung der Intentionen Pöppelmann's erweist, spricht sich eine geniale Befähigung für grofse Gesammtkomposition und Disposition, eine der antiken verwandte Anschauung auf das Unzweifelhafteste aus. Es liegt eine hohe Poesie in dem Plane, alle vorhandenen, zunächst voraussichtlichen und (in den Statuen) zukünftigen Elemente zusammen zu fassen zu einer einheitlichen, mächtigen Gesammtwirkung, durch welche jedes einzelne dieser Elemente in seiner Wirkung nur noch gesteigert werden musste und welche auf das Publikum von nicht zu hoch zu schätzendem Einfluss hätte werden können. Leider blieb der schöne Gedanke, dessen vollständige Verwirklichung durch den nach ihm bereits erfolgten Bau des Theaters so nahe zu liegen schien, nur Gedanke und wurde durch den Bau des Galleriegebäudes an der vierten offenen Seite des Zwingers für immer vereitelt.

Eigenthümlich sticht jene Grofsartigkeit in der Zusammenfassung verschiedener baulicher Organismen zu einem Ganzen, die sich nicht allein hierbei, die sich auch bei den grofsen Baukomplexen für München und Wien geltend macht, gegen die Einfachheit der Grundrissgestaltung ab, die Semper in der Regel seinen Gebäuden giebt und in welchen er für das Erforderliche zwar in auskömmlicher, stattlicher Weise sorgt, ohne aber in's wirklich Grofsartige über zu greifen. Die ganze ästhetische Individualität des Künstlers war eben auf das kritisch Maafsvolle angelegt, das allem Ueberschäumen fern blieb. Diese seine Eigenschaft tritt in seinem **Theater** recht augenfällig hervor.

Demselben liegt in allen wesentlichen Theilen jener dem Gesammtprojekt, als dessen integrirenden Theil Semper das Theater gedacht hatte, zugehörige Plan zu Grunde, und es unterscheidet sich die Ausführung von dem ursprünglichen Projekte nur dadurch, dass in diesem an Stelle des Proszeniums eine Vorbühne gedacht, die Tiefe der Bühne eine geringere und der, freilich nie ausgebaute und nur als Dekorationsmagazin benutzte, Festsaal nicht vorhanden war. Auch die Stellung des Gebäudes wurde nach Maafsgabe jenes Gesammtplans und im Hinblick auf eine Verwirklichung desselben, seinem vollen Umfange nach, gewählt. Dass das Gebäude, obgleich in Rücksicht auf jenen umfassenden Plan komponirt, heraus gerissen aus jenem Zusammenhang, da ja der weitsichtige Plan nicht zur Ausführung gelangte, nun abgesondert und für sich aufgeführt, nichts vermissen liefs, war ein sprechendes Zeugniss für die Vollendung desselben in sich. Aufserordentlich schwierig wurde aber die Aufgabe besonders darum, weil sie heischte, mit mäfsigen Mitteln einen Bau in unmittelbarer Nähe der gewaltigen Schöpfungen Chiaveri's und

Pöppelmann's zu schaffen, der sich zwischen jenen nicht allein zu behaupten, der mit ihnen auch zusammen zu stimmen vermochte. Und dies erreichte Semper, nicht indem er sich auf eine Konkurrenz mit jenen nach der grofsartigen und malerischen Seite hin einliefs, sondern indem er ihrer ausgeprägten baulichen Individualität ein ebenso entschieden Individuelles gegenüber stellte, die einem Theater vorzugsweise charakteristischen Momente energisch betonte. Er führte darum den Halbkreis des Zuschauerraumes und der diesem konzentrischen Treppen und Gänge, dem römischen Theater analog, auch äufserlich durch und genügte damit der von ihm selbst erhobenen Anforderung, dass ein Theater an das römische Theater erinnern müsste. Und auch im Aufbau macht sich jenes bezeichnende Maafshalten allenthalben bemerklich. Nirgends steigert Semper den architektonischen Ausdruck über das zum Ausdruck eben Nöthige und Erforderliche hinaus, und gerade hierin liegt jene Zurückhaltung gegenüber den stolzen Barock- und Roccocobauten begründet. Dem Rundbau schloss er die Bühne in Form eines Parallelogramms an und fügte an sie nach rechts und links je ein Haupttreppenhaus und zwei Säle, sowie bedeckte Unterfahrten, nach hinten den Festsaal. Unter den Sälen lagen hauptsächlich Garderoben. Die Säle aber sollten bei grofsen Ballfesten benutzt und mit Bühne und Zuschauerraum durch eine Treppe zu einem grofsen Ensemble verbunden werden. Die Art und Weise nun, wie Semper diese innere Gliederung im Aeufseren entwickelte, indem er Zuschauerraum, Bühne und Festsaal über Foyer, Treppenhäuser und seitliche Säle hinaus führte, aber auch diese Seiten durch Höherführung und Giebelabschluss des mittleren Saales wiederum theilte und belebte und alles zu einem harmonischen, fein abgestimmten Ganzen zusammen baute, so dass das Aeufsere mit Nothwendigkeit und Selbstverständlichkeit zu wahrhaftiger, schönheitsvoller Entfaltung aus dem Innern heraus wuchs, wie er alles auf das sorgfältigste und liebevollste bis ins Einzelne hinein durchbildete, der feine Sinn, mit dem er abwog und wählte, die Grazie, mit der er auf Grund des römischen Motives die

Renaissance-Architektur behandelte und ihr griechisches Detail einbildete, wenn schon unter genauer Berücksichtigung des Sandsteinmaterials, die jugendliche Frische und Ursprünglichkeit und daneben die zielbewusste Sicherheit des Meisters, die der ganze Bau dokumentirte: alle diese Eigenschaften eroberten seinem Theater im Sturm die ungetheilte Anerkennung und Bewunderung der Sachverständigen sowohl, wie des Laienpublikums. Das Dresdener Theater ist nicht trotz, sondern gerade seiner Eigenartigkeit und der Klarheit wegen, mit welcher es seine Bestimmung aussprach, allgemein verständlich geworden; es ist allgemein verständlich geworden, weil es Charakter hatte und über diesen Charakter gar keinen Zweifel aufkommen ließ.

Und diese Feinfühligkeit und Noblesse sprach sich auch im Innern aus. Es giebt Theatersäle, die einen imposanteren, weiträumigeren, großsartigeren, packenderen Eindruck hervor bringen, als dies bei dem Dresdener Theater der Fall war: in seiner liebenswürdigen, harmonischen, fein empfundenen, anmuthigen, edlen Wirkung ist es bisher nicht erreicht, geschweige denn übertroffen worden. Und von gleich reizender Wirkung waren besonders das Foyer und die Vestibüle für die zu Wagen Ankommenden.

Es sei gestattet, hier mit Rücksicht auf den Umstand, dass das herrliche Werk nicht mehr existirt, eine weitere Detail-Angabe einzuschalten. Das Gebäude war 74^m lang, 69^m mit den seitlichen Unterfahrten, 53^m ohne dieselben breit und 32^m bis zum Dachfirst hoch. Der Zuschauer-Raum bestand aus dem Parquet und Parterre, den Parterre-Logen, dem Amphitheater und vier Rängen; die Königlichen und Prinzlichen Logen lagen im ersten Range, die große Hofloge war im zweiten Range angeordnet; daselbst lag auch das Foyer. Das Haus fasste ca. 1800 Personen. Der Unterbau und die Parterre-Arkaden des Gebäudes stimmten mit den Verhältnissen des Zwingers, mit dem das Theater doch in Verbindung treten sollte, überein. Die über dem mit einer Plattform abgeschlossenen Foyer sichtbar werdende Umfassung des Zuschauerraumes war mit Sgraffito-Ornamenten in Feldern

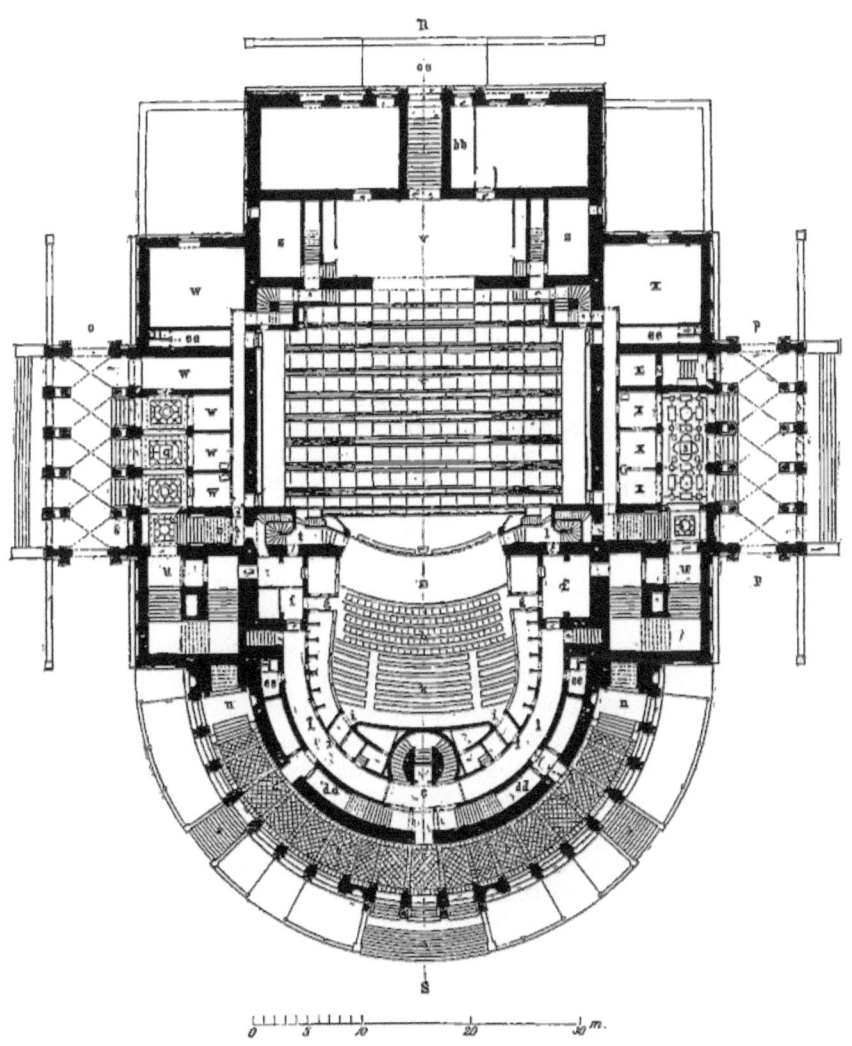

a) Freitreppen. b) Vorhalle. c) Kasse. d) Eingang z. Parquet, Parterre u. Parquetlogen.
e) Innerer Korridor. f) Garderoben. g) Eingänge z. Parquet. h) Parquet. i) Eingänge z.
Parterre. k) Parterre. l) Treppen f. d. Orchester. m) Orchester. n) Zugang z. d. Rängen.
o) Anfahrt f. d. kgl. Familie. p) Anfahrt f. d. Publikum. q) Vorhalle u. *salle de garde*.
r) Treppe z. d. kgl. Loge. s) Vorhalle f. d. fahrende Publikum. t) Treppe z. Prinzenloge.
u) Treppen z. d. Rängen. v) Bühne. w u. x) Garderoben f. Schauspielerinnen u. Schauspieler.
y) Konversations-Zimmer. z) Coiffeur-Zimmer. bb) Maschinen-Direktor. cc) *Appareille*
u. Thorweg für Pferde. dd) Gallerietreppen. ee) Aborte.

Altes Hoftheater zu Dresden, erb. 1838—41.
Grundriss vom Erdgeschoss.

geziert, welche Maler **Rolle** ausgeführt hatte. Mit Wiedereinführung dieser aufser Uebung gekommenen Technik hat sich Semper ein weiteres Verdienst erworben. Der äufserliche bildnerische Schmuck bestand aus den Statuen von Göthe und Schiller, Gluck und Mozart und zwei Giebel-Gruppen — der von Furien verfolgte, von Apollo und Minerva in Schutz genommene Orest rechts, die Göttin der Musik links, von **Rietschel**, und aus den Statuen von Molière und Aristophanes, Shakespeare und Sophokles und dem mächtigen Bacchuszug von **Hähnel**; aufserdem aus 4 Statuen, Faun und Satyr und 2 Tänzerinnen darstellend, vom Bildhauer **Selig**. — Was den Zuschauerraum betrifft, so sei noch bemerkt, dass die über dem ersten und zweiten Range befindlichen, baldachinähnlichen Halbkuppelchen eine Erfindung Semper's waren, die den akustischen Grund hatte, die Intensität des Schalles zu erhöhen und dessen zweckmäfsige Zertheilung zu bewirken. Das Proszenium war mit gekuppelten, über den ersten und zweiten Rang sich erstreckenden korinthischen Säulen eingefasst, über deren Gebälke eine von Konsolen gestützte, reich kassetirte Decke auflag. Die Architektur-Farbe des Saales war weifs mit Gold; roth waren Draperien, Polster und Hintergrund. Die auf weifslichem Grunde bläulich ausgeführten Malereien der Logen-Brüstungen und der schöne Plafond waren das Werk des Franzosen **Dieterle**, der diese Malereien nach Semper's Zeichnungen meisterhaft ausführte. Dass die Brüstungs-Dekorationen mit noch anderem — den achteckigen Postamenten der Proszeniums-Säulen und den darüber befindlichen Decken-Trägern — gelegentlich einer Renovation, lange vor der Zerstörung des Hauses, durch moderne Stuckarbeiten ersetzt wurden, erregte Semper's gröfsten Verdruss. Der Bau bestand aus Sandstein-Mauerwerk und hölzernem Dach und Ausbau, dem damaligen Stande der Technik entsprechend. Um den Bau selbst erwarb sich Hr. Geheimrath v. Lüttichau, der General-Direktor des Königlich Sächsischen Hoftheaters und der Kapelle, durch die Energie, mit welcher er dessen Ausführung, nachdem das eingeholte zustimmende Urtheil Schinkel's über den Bauplan eingelangt war, förderte, die hervor ragendsten, auch von Semper jederzeit dankbar anerkannten Verdienste.

Die äufsere und innere Architektur des Gebäudes war Semper's eigenstes Werk und sie überragt das kurz vorher, in den Jahren 1829—1832, nach Moller's Plänen und nach gleichen Prinzipien gebaute Mainzer Theater ganz gewaltig. Im Grundrisse aber stützen sich beide Künstler auf die Publikation des Italieners Pietro Sangiorgi, die 1821 unter dem Titel: „*Idea di un teatro adattato al locale de la Convertite*" zu Rom erschienen war, ein Umstand, der Joseph de Filippi in „*Parallèle des principeaux théatres modernes de l'Europe*" zu der Bemerkung veranlasst: „*Il est assez curieux d'observer qu'un projet repoussé dans le lieu qui l'a vu naître ait servi de base à deux des plus grands théatres de l'Allemagne, sans compter bien d'autres imitations moins importantes.*" — Von epochemachender Bedeutung wurde das Dresdener Theater aus den schon angegebenen Gründen, nämlich einmal, weil es den inneren Organismus des Theaters im Aeufseren zu klarem, überzeugenden Ausdrucke brachte, dann, weil es seine Aufgabe in vollendet schöner Weise löste. Und als an jenem unheilvollen 21. September des Jahres 1869 die Flammen das Gebäude zerstörten, da beklagte man in ganz Deutschland den Verlust, den in jenem Werke das deutsche Volk, die deutsche Kunst erlitten.

Dass durch einen solchen Bau und die Schule, die sie dabei und bei Sempers Werken überhaupt durchmachten, auch die Baugewerke und Kunstindustriellen Dresdens mächtig angeregt wurden, ist wohl selbstverständlich; gab doch Semper für alles Einzelne die nöthigen Vorlagen, ein Verdienst freilich, das nicht so exzeptionell ist, als es dem Laien scheinen mag und das er mit jedem Architekten, dem an der möglichst vollendeten Durchbildung seines Werkes gelegen ist, theilt. —

Das ursprüngliche, für die Ausführung später etwas modifizirte Theaterprojekt stammt aus dem Jahre 1835, gehört also zu Sempers frühesten Arbeiten in Dresden. Mit dem Theater gleichzeitig, nämlich im Jahre 1838 wurde die Synagoge und ein Jahr später die Villa Rosa im Bau be-

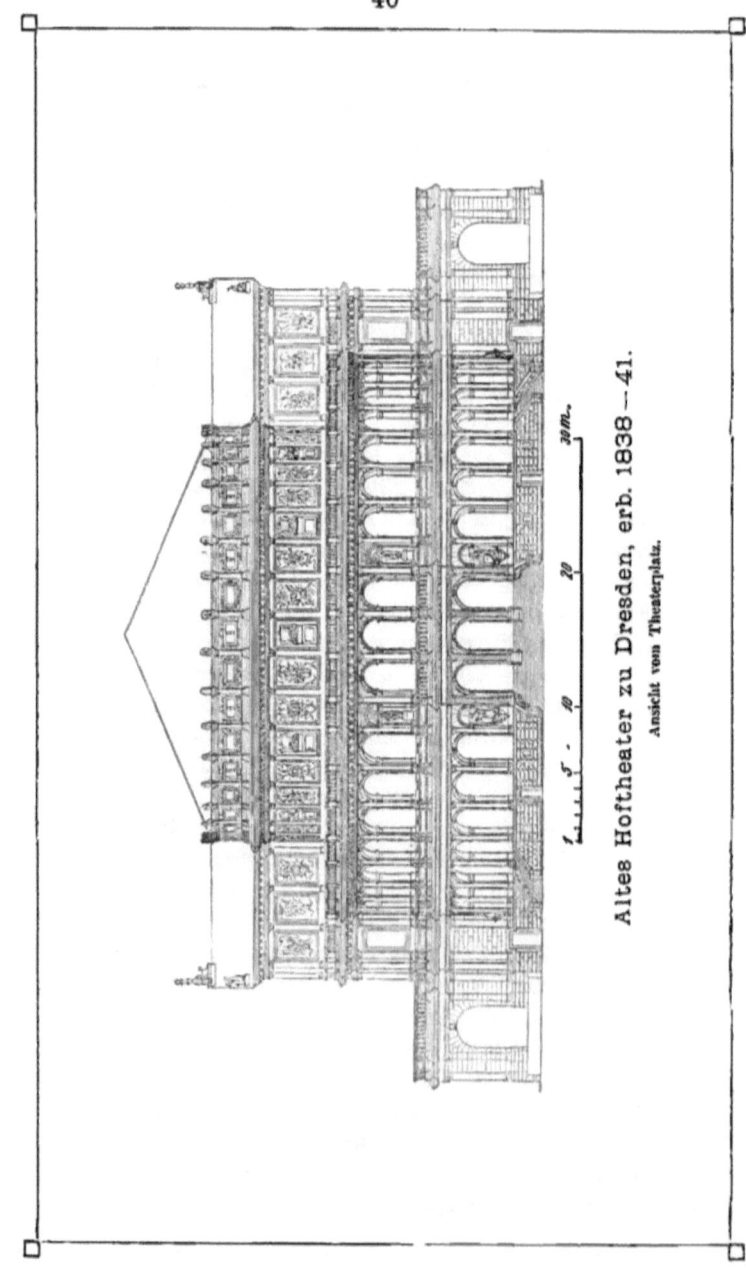

Altes Hoftheater zu Dresden, erb. 1838—41.
Ansicht vom Theaterplatz.

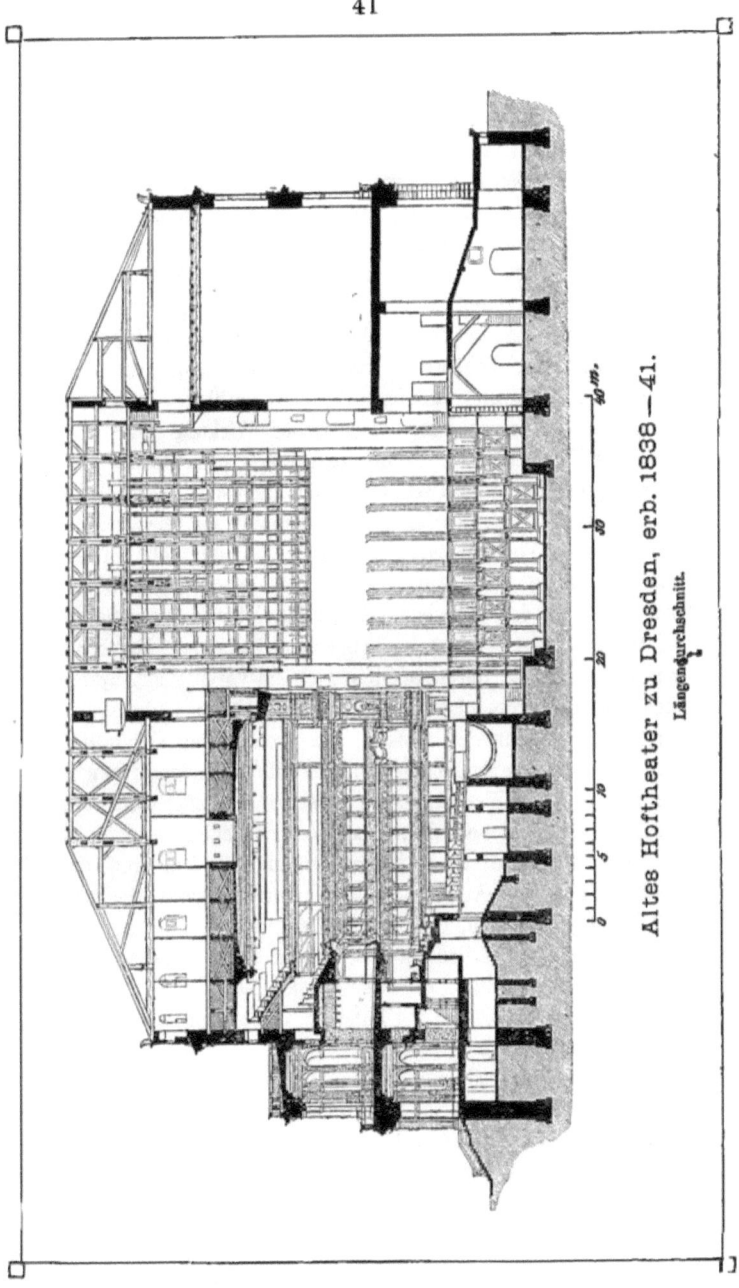

Altes Hoftheater zu Dresden, erb. 1838—41.
Längendurchschnitt.

gonnen. Vor Inangriffnahme dieser Bauten fällt die Fertigstellung der **Dekoration der Antikensäle** im Japanischen Palais und des **Materni-Hospitales**. Die Antikensäle sind im pompejanischen Stil dekorirt; das Materni-Hospital ist ein einfacher Renaissancebau mit Sgraffito-Ornamenten in den der Strafse zugekehrten Giebeln. Von beiden wäre weiter nichts zu sagen. Dagegen müssen **Synagoge** und **Villa** etwas eingehender betrachtet werden.

Ersterer, ein mit den einfachsten Mitteln im Rundbogenstil ausgeführter Zentralbau mit vorgeschobenem, von niederen Kuppelthürmen flankirten Vorbau, verbindet in seinem Aeufseren mit einer ernst malerischen Wirkung eine entschiedene Physiognomie, die uns in seiner grofsartigen, weihevollen Erscheinung unzweifelhaft den jüdischen Tempel erkennen lässt. Auch das Innere, bei dem nur der vermittelnde, vorbereitende Vorraum vermisst wird, hat die hohe, feierliche Stimmung des Gotteshauses. Semper verwandte hier, namentlich an den zwischen den Halbkreisbögen gespannten, im Parterre auf Steinsäulen ruhenden hölzernen Emporen, maurische Motive, deren er sich auch im Vereine mit byzantinischen und romanischen, die er zu einem einheitlichen Ganzen zu verschmelzen wusste, bei der farbigen Dekoration bediente. Die finanziellen Verhältnisse der Gemeinde zwangen Semper an Stelle der geplanten massiven mit einer hölzernen verputzten Kuppel vorlieb zu nehmen; dagegen brachte er an den ursprünglich auch massiv projektirten Emporen das Holz trefflich zum Ausdruck. Ich kann bei dieser Gelegenheit nicht unterlassen, den Wunsch auszusprechen, dass dem innerlich und äufserlich etwas verbrauchten Gebäude eine pietätvolle Restauration zu Theil werde. —

Die Villa Rosa, für den Banquier Oppenheim am rechten Elbufer zum Sommeraufenthalt für die Familie des Besitzers, inmitten geräumiger Gartenanlagen, deren wohlgepflegte Baum-Alleen der Architekt bei Situirung des Gebäudes wohl zu berücksichtigen verstand, erbaut, wendet ihre Vorderfront der Elbe zu. Es hat darum diese Front, die durch den Umstand noch ausgezeichnet wird, dass das auf dieser Seite tiefer liegende Terrain zur Heraushebung des Gebäudes und Anlage einer Freitreppe Veranlassung gab, eine besondere architektonische Ausstattung erhalten, während die übrigen Seiten, deren Parterre nur wenige Stufen über dem Terrain erhaben ist, ganz schlicht behandelt worden sind. Der Grundplan zeigt eine bei italienischen Villen öfter vorkommende Anordnung. Ein mittlerer Saal, um welchen sich Vestibüle und Zimmer gruppiren, und welcher, durch zwei Stockwerke durchgeführt, von einem Oberlicht erleuchtet wird, bildet den Kern der Anlage. Auf der der Hauptfront entgegen gesetzten Seite vermittelt ein an diese Front anschliefsender ringförmiger Vorhof den Zugang zum Gebäude, einen Küchenhof geschickt verbergend, und giebt der ganzen, im Grünen gelegenen Anlage bei aller Einfachheit eine gewisse Poesie. Die Wirkung der Haupt-Façade kann aus der geometrischen Ansicht nicht voll gewürdigt werden; es kommen da die dreibogige Parterrehalle, die darüber befindliche Loggia, die doppelte Freitreppe, die anschliefsende Terrassenmauer, die landschaftliche Umgebung, in welche das Ganze hinein komponirt ist, nicht zur Geltung. Die Villa ist ganz Villa, demgemäfs und im Anschluss an die Oertlichkeit gestaltet, eine freie Schöpfung im Renaissancestil von anmuthiger, poetischer Wirkung, einem glücklichen Dasein und Lebensgenuss geweiht. Die Formenbehandlung, die ganze Architekturrichtung im Aeufsern und Innern lässt den Architekten des Theaters sofort erkennen. Beiläufig sei bemerkt, dass bei der unteren Verkleidung des Saales zuerst in Dresden die Imitation dekorirender Holzarten, die damals Franzosen ausführten und die auch wir jetzt virtuos beherrschen, zur Ausführung kam. Leider ist auch dieser Bau nicht unangetastet geblieben; in andere Hände übergegangen, wurde er heutigem Geschmacke entsprechend modernisirt. Der Vorhof, die Kuppeldekoration des Saales, die hübschen Kamine sind verschwunden, — von den Bogenthüren des Gartensaals wurden zwei in Fenster umgewandelt. —

Des Elymeier'schen Ladenvorbaues, einer eleganten Holzarchitektur mit Bronzeeinlagen, zwischen reich getheilten und skulptirten Pfeilern und dem von diesen getragenen, mit Bogenverdachungen versehenen Gebälke — des Houpe'schen Hauses, interessant dadurch, dass die Differenz zwischen den Axen der rundbogigen, von, in Spitzbogen geschlossenen, Quadern entlasteten Parterreöffnungen mit den Axen der darüber befindlichen Etagenfenster in Wirklichkeit gar nicht auffällt — des sg. Cholerabrunnens, einer zum Andenken daran, dass Dresden von der damals drohenden Cholera glücklich verschont blieb, von Herrn v. Gutschmied, einem Dresdener Kunstfreunde, gestifteten 18^m hohen, mit Figuren geschmückten Spitzsäule gothischen Stils von eleganter Profilirung.

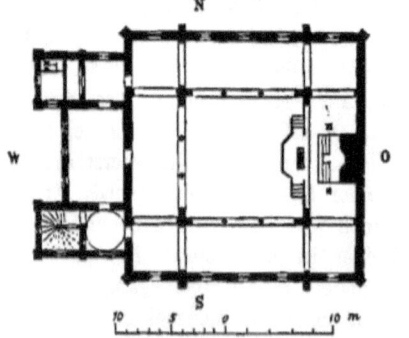

Synagoge zu Dresden, erb. 1838—40.

mit vier von Gnomen getragenen Becken am Fuſse, aus achteckigem Wasserbassin ragend, auf welche sich wohl die Aeuſserung Semper's, dass er sich auch in Gothik nicht ohne Erfolg versucht habe, mit bezieht, — sei kurz gedacht. —

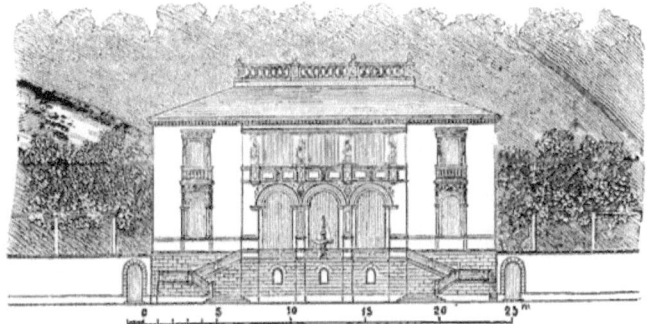

Ansicht der Elbfront.

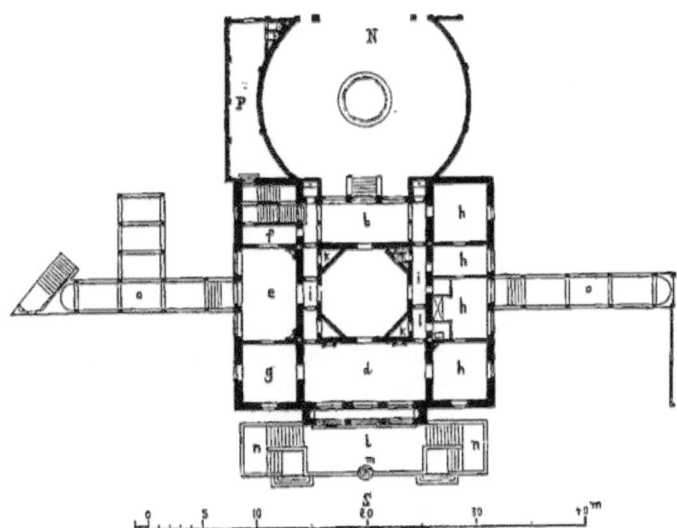

Grundriss vom Erdgeschoss.

a) Vorhof. *b*) Vestibül. *c*) Salon. *d*) Gartensalon. *e*) Speisezimmer. *f*) Büffet. *g*) Zimmer d. Herrn. *h*) Zimmer d. Dame. *i*) Passagen. *k*) Garderoben. *l*) Terrasse. *m*) Fontäne. *n*) Freitreppen. *o*) Veranda. *p*) Küchenhof.

Villa Rosa bei Dresden, erb. 1839.

Im Jahre 1845 begann Semper den Bau des Stadtpalais für Banquier Oppenheim an der Bürgerwiese, für denselben Bauherrn, für welchen er die Villa Rosa gebaut hatte. Das Gebäude musste auf einer dreieckigen Baustelle errichtet werden, da alle Versuche, dieselbe durch Ankauf zu arrondiren, fehl schlugen. Semper wusste aber die Schwierigkeit, die diese Form der Grundrissentwickelung entgegen stellte, meisterhaft zu überwinden und ein räumliches Ensemble zu schaffen, das besonders in der ersten Etage, die der Besitzer selbst bewohnte, durch die interessante Gestaltung und die zweckliche, stimmungsvolle Behandlung der Einzelräume und aller Einzelheiten überhaupt, ein ebenso eigenartiges, als anziehendes, vornehmes und doch anheimelndes, harmonisches Ganzes bot. Auch im Aeufseren dominirt die erste Etage und sie ist es vornämlich, die die Erinnerung an Palast Pandolfini wach ruft. Während aber bei dem Palast Pandolfini die Rustik im Parterre auf das zur Seite gelegene Thor und die Mauerecken beschränkt bleibt, rustizirt Semper das ganze Parterre und den Unterbau und ordnet über der Hauptetage zwischen Architrav und Hauptgesims friesartig ein zwischen den Fenstern mit Reliefs — gestreckt fliegende Figuren darstellend — geschmücktes Halbgeschoss an. Er fasst die Fronte durch Risalite (die im Parterre jene Rustiksäulen, deren bereits gedacht ist, haben) energisch zusammen und verleiht ihr so sehr das Gepräge seines Geistes und Willens, dass das Gebäude an jenen italienischen Palast wohl anklingt, aber doch in allem als Sempers eigenste Schöpfung erscheint. Am Oppenheim'schen Palais macht sich zuerst jenes Prinzip in der Façadenbildung geltend, das Semper von nun an fest hält: auf durchweg rustizirtem Parterre ein fein profilirter Oberbau, eine Anordnung, deren Reiz auf der Gegenüberstellung des Derben, Kräftigen und des Zarten, des elegant Durchgebildeten besteht; und im Oppenheim'schen Palais speziell dann, wie am späteren Museum, für welches das Palais als eine Vorstudie erscheint, über den eleganten säulengeschmückten Fenstern der ersten Etage eine feine Rustik, die unter dem Fries endet. Am Oppenheim'schen

Palais wird aber auch jenes Gebäude-Relief, das im Rückspringen des oberen Geschosses hinter das untere besteht, recht bemerklich, — jenes Relief, welches für die Wucht und Monumentalität der Gebäude von grofsem Einfluss ist und welches Sempers Bauten von nun an in entschiedenem Maafse zeigen. Mit dem Oppenheim'schen Palais lenkt Semper überhaupt mehr den vollen Formen der Hochrenaissance zu. Das Palais, in reiner Sandsteinarbeit ausgeführt, macht, ohne ganz ungewöhnliche Verhältnisse zu haben (die Axenweiten von Fenster zu Fenster betragen 4 ^{m}) einen edlen, vornehmen Eindruck von echter Monumentalität und kann wohl unbedenklich als das imposanteste Privatgebäude Dresdens bezeichnet werden. Wie die Villa Rosa ganz Villa, so das Palais ganz Palais. Und wie die Villa, so wurde auch dieser Semper-Bau, dessen Inneres mit dem Aeufseren so vollendet zusammen stimmte, im Innern, nur in weit umfassenderem Maafse, umgestürzt und zerstört, als ein neuer Besitzer dasselbe seinem Geschmacke nach umbaute; das achteckige Vorzimmer allein blieb erhalten. —

Das letzte grofse Bauwerk Semper's, das vor seiner Flucht von Dresden in Angriff genommen wurde, war das für die Unterbringung der Gemälde-Sammlung, des Kupferstich-Kabinets und der Sammlung der Gips-Abgüsse bestimmte Museum. Es waren für diesen Bau verschiedene Plätze in Vorschlag gekommen und zwar, aufser dem von Semper in Verbindung mit seinem Forumgedanken dem Hof-Theater vis-à-vis vorgesehenen Platze: die Promenade zwischen Zwingerwall und Stallstrafse auf dem Zwingerteiche, die Stallwiese in Neustadt vis-à-vis der Brühl'schen Terrasse und der Platz, auf welchem das Museum jetzt steht. Semper hatte für alle diese Plätze Projekte entworfen, von denen das dem Theater gegenüber gedachte einen weit vorspringenden, sphärischen Kuppelbau; das auf dem Zwingerteiche eine quadrate Form mit Freitreppen und Gallerien und hoher Mittelkuppel; das Projekt vis-à-vis der Terrasse einen Bau à la Pitti, mit Treppen nach der Elbe zu, zeigte. Maafsgebenden Orts entschied man sich für den Platz an der nördlichen, offenen

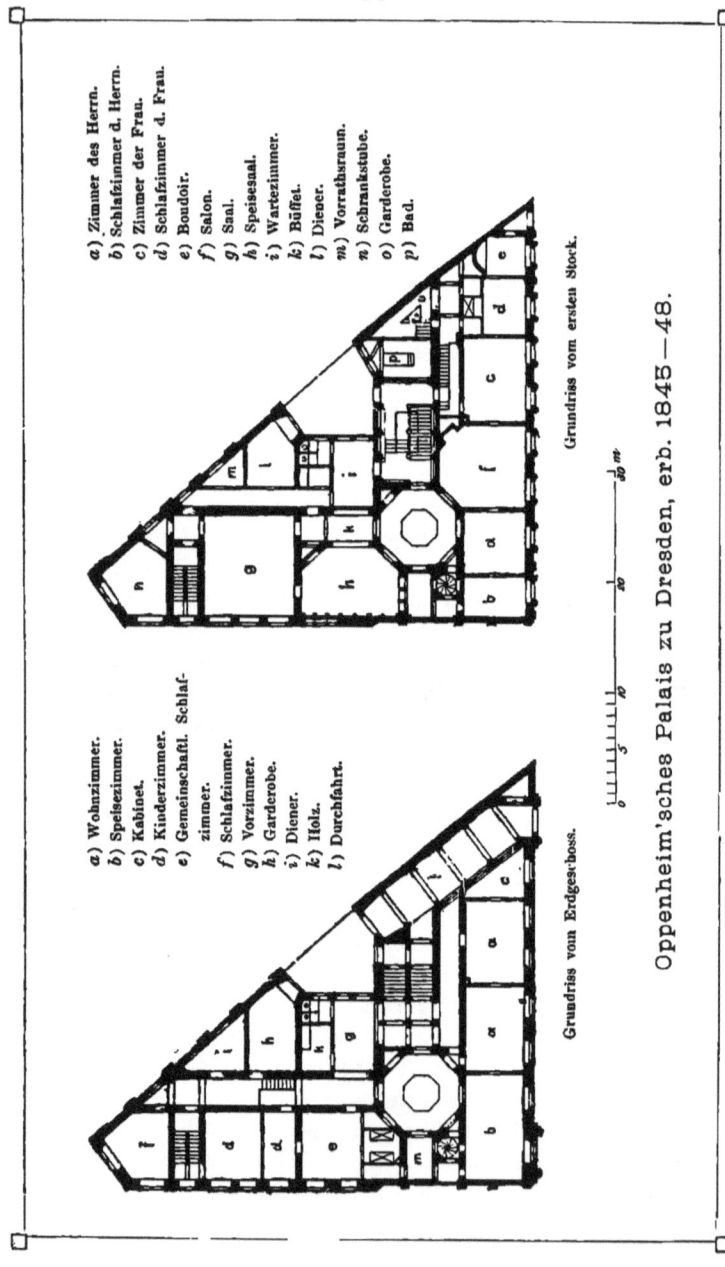

Oppenheim'sches Palais zu Dresden, erb. 1845—49.
Façade nach der Bürgerwiese.

Seite des Zwingers, für denselben Platz, den Schinkel bereits im Jahre 1835 als den geeignetsten bezeichnet hatte, wodurch das Forumprojekt beseitigt wurde, der Zwinger aber die Aufgabe zugewiesen erhielt, die ihm bei seiner ursprünglichen Anlage zugedacht worden war: nämlich der Vorhof eines grofsen Baues zu werden. Von sieben Projekten, die Semper für diesen Platz entworfen hatte, wurden in einer am 21. Dezember 1846, unter Hinzuziehung auswärtiger Architekten abgehaltenen Berathung, zwei Projekte, ein gröfseres — Semper's Lieblings-Projekt — und ein kleineres, als die vorzüglichsten bezeichnet. Rücksichten auf die von den Ständen verwilligte Summe von 1 050 000 Mark nöthigten, den Bau nach dem kleineren Plan zu beginnen, der sich von dem gröfseren hauptsächlich durch das Fehlen der Eckbauten unterschied. Am 23. Juli 1847 ward der Grundstein gelegt, aber schon im Frühjahr 1848 nach reiflichen Erwägungen, in Anbetracht der Nothwendigkeit, die Zwingerbauten ihrer ganzen Länge nach zu maskiren, um eine harmonische Lösung zu ermöglichen, sowie in Berücksichtigung des für die Gallerie zu erlangenden erforderlichen Raumes, dem Weiterbau jener gröfsere Plan zu Grunde gelegt. So zeigt denn das Gebäude die Form eines Parallelogramms mit Eckbauten und einem weit vorspringenden Mittelbau, durch welchen vom Theaterplatze aus die Zugänge zu dem Zwingerhofe führen. Die dem Zwinger zugekehrte Seite konnte als Südseite für Bilder-Aufstellung nicht benutzt werden. Sie wurde darum als niedrigerer Galleriebau dem höher geführten Hauptkörper des Gebäudes, der Oberlicht-Säle und, nach dem Platze zu, doppelte Gallerien übereinander umfasst, vorgelegt, woraus sich die malerische, reich gegliederte Wirkung dieser Seite, die durch die prächtige festliche Sansovino-Architektur mächtig gesteigert wird, erklärt. Freilich war aber durch diese Platzwahl die Aufgabe des Architekten eine um so schwierigere geworden. War schon die beim Theaterbau gegebene Aufgabe, dieses Gebäude, zwischen die Katholische Kirche und den Zwinger gestellt, zu selbständiger Geltung zu bringen, eine nicht leicht zu lösende, so galt es bei dem Museum in direktem Anschluss an den Zwinger, der im üppigsten Roccoco gebaut, vielleicht das genialste Werk dieser Richtung überhaupt repräsentirt, einen Bau zu errichten, der, sich von jenem genialen Uebermuth fern haltend, seine Bestimmung in edler Weise prägnant aussprechen und doch die gegebenen Faktoren zu einheitlicher Wirkung zusammen halten und auf sich, als den Kern- und Mittelpunkt der ganzen Anlage, beziehen sollte. Und auch dieser Aufgabe ist Semper gerecht geworden. Die Zwingerseite giebt in festlich heiterer, reicher Wirkung den Zwingerbauten nichts nach, kommt ihnen sogar in dem im Wesen des Gebäudes begründeten Galleriecharakter entgegen, beherrscht sie aber durch die imponirende Grofsheit und Ruhe, die bei aller Pracht gerade dieser Seite eigen, und stellt so trotz aller Stilverschiedenheit doch eine Einheit im Ganzen her.

Die nördliche, dem Platze zugekehrte Seite, die schon von der Augustus-Brücke aus sichtbar wird, trägt, den Anforderungen einer wesentlich verschiedenen Lage entsprechend, eine andere Physiognomie. Hier ist es nicht mehr die Zwingerarchitektur, die in Rechnung gezogen werden musste: es ist der weite von der katholischen Kirche beherrschte Platz, auf welchem sich das Gebäude geltend machen soll. Wohl aber musste auf beiden Seiten des Gebäudes der aus der Aufgabe sich ergebende Charakter desselben, als eines mit weiten, reiches Licht zuführenden Bogenöffnungen durchbrochenen, gallerieartig gestreckten Baues, zum Ausdruck kommen. Beiden Seiten ist auch die Parterre-Rustik gemein — nur dass sie auf der Platzseite mächtiger, als auf der Zwingerseite behandelt erscheint — beiden auch die Portalanlage, die in der Anordnung dem Konstantinbogen nachgebildet, triumphbogenartig den Zugang zu den Meisterwerken der Malerei, in denen der menschliche Geist triumphirt, bilden. Im Sinne der römischen Kunst ist dann weiter die Architektur der Etage der Platzfaçade behandelt, auch die der nischengeschmückten Rücklagen der Zwingerfaçade, welche mit den Zwingerpavillons korrespondiren. Es geht durch das ganze Aeufsere ein Zug von künstlerischer Feinfühligkeit, von Vor-

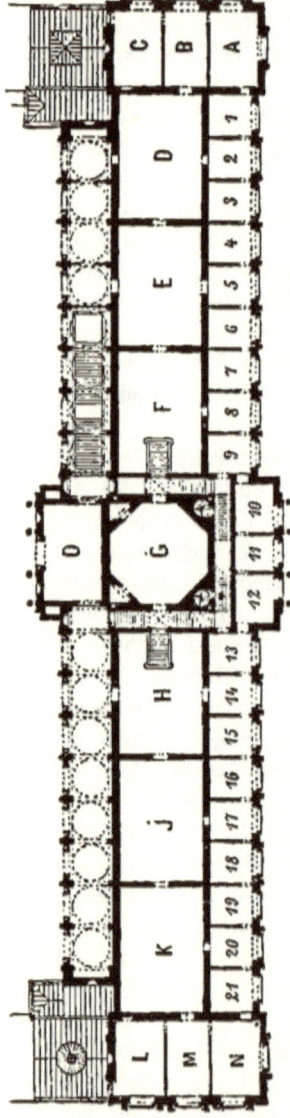
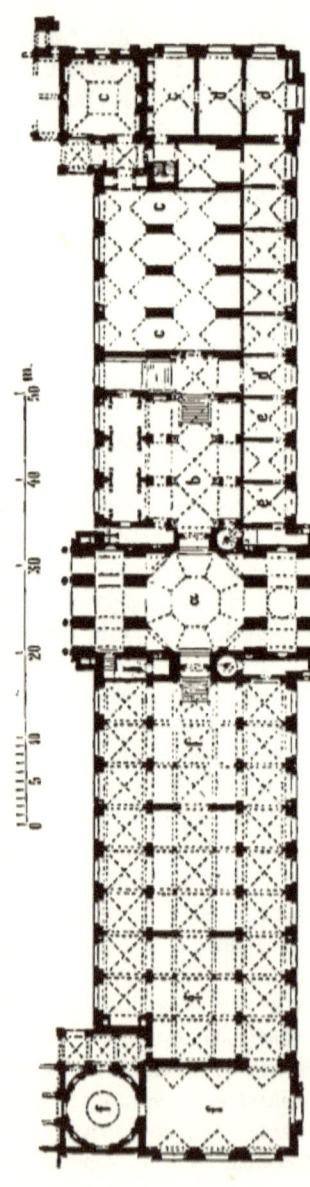

Obergeschoss: *A—F*) und *H—N*) Gemälde-Säle. *1—21*) Gemälde-Kabinete. *G*) Rotunde. *O*) Entree-Saal.

Untergeschoss: *a*) Durchfahrt. *b*) Vestibül. *c*) Kupferstich-Kabinet. *d*) Pastell-Gemälde u. Canaletto's. *e*) Ateliers. *f*) Sammlung d. Gips-Abgüsse

Museum zu Dresden, erb. 1847—54.

Museum zu Dresden, erb. 1847—54.
Ansicht vom Mittelbau der (südlichen) Zwinger-Seite.

nehmheit und Gröfse in der Massenbeherrschung, von rythmischem Wohlklang, welcher den Höhepunkt bezeichnet, den Semper nach dieser Seite hin überhaupt erreicht hat.

Des Antheils, den die Bildnerei an der herrlichen Wirkung hat, die insbesondere die Zwingerfaçade ausübt, ist schon gedacht. Von Hähnel rührt die grofsartige Konzeption, die den bildlichen Darstellungen zu Grunde liegt, her. Die psychischen und prometheischen Elemente sind es, die von den Brennpunkten Raphael und Michel Angelo ausgehend, sämmtlichen Skulpturen, den freistehenden Gestalten, wie den Reliefs, Zwickelfiguren, Friesen und Medaillons, Inhalt und Bedeutung verleihen.

Semper hat den Bau nicht selbst vollendet. Bei seinem Weggange war er über die Gestaltung der Kuppel noch nicht zum Resultat gekommen. Die jetzige Gestalt derselben rührt nicht von ihm her und darf wohl auch den Architekten, die nach ihm den Bau zu vollenden hatten, und denen gegenüber sich wohl allerhand Ansichten geltend machten, die sich an Semper nicht heran gewagt hatten, nicht allein zur Last gelegt werden. Auch würde in der Innendekoration wohl Manches anders geworden sein, wenn Semper das Szepter bis zu Ende geführt hätte.

Dagegen kommen die unläugbaren Mängel des Grundrisses, die der Meister vielleicht noch im letzten Augenblicke beseitigt haben würde, auf Sempers Rechnung. Gewiss lassen die Gemälde-Säle, was ihre räumlichen Dimensionen und ihre Lichtfülle betrifft, nichts zu wünschen übrig, wohl aber kann nicht geleugnet werden, dass die Treppenanlage den ganzen Organismus des Planes zerreifst. Die Loggien konnten wegen derselben nur auf einer Seite angebracht werden. Von ihnen gelangt man durch eine wie zufällig vorhandene Thür, der jede Axenbeziehung fehlt, in einen Bildersaal und steht vor einer Holztreppe, die nach dem, dem unteren Vestibül zu lieb erhöhten Mittelsaal führt. Sollte die Anlage des Mittelsaales (zu welchem man auch vom Vorraum aus mittels einer Nebentreppe kommen kann) nicht wie eine störende Unterbrechung in der Reihe der Säle erscheinen, so musste der Saal als das

Zentrum der Gallerien, in welches der Hauptzugang direkt und unmittelbar mündete, behandelt werden. Von hier, von der Tribuna aus würde man gleich beim Eintritt in die Gallerie die ganze Folge von Sälen nach rechts und links übersehen haben und zu ihnen über monumentale Treppen hinab geschritten sein, mit der Tribuna aber musste eine Freitreppe vom Zwingerhof her in Beziehung stehen. So hätte sich gewiss eine ebenso einzige als grofsartige, aus den Verhältnissen erwachsene Anlage ergeben, die in dem Plane wohl latent liegt, aber eben nicht in's Leben getreten ist. —

Die von Semper in Dresden ausgeführten Grabdenkmäler zeigen einen ernsten Renaissancestil, ohne sonst Aufserordentliches zu bieten. —

Von auswärtigen Bauten Semper's aus der Zeit seines Aufenthaltes in Dresden wäre das nach dem grofsen Brande errichtete Haus für seinen Bruder Wilhelm in Hamburg zu erwähnen, dessen Façade genau nach Semper's Plänen hergestellt wurde, während der Grundriss, soweit er nicht durch die Façade selbst vorgeschrieben war, auf Hrn. Wilhelm Semper's Wunsch eine Umgestaltung durch den Hamburger Architekten Burmeister erfuhr. Die der Strafse zugekehrte, circa 16,60^m lange Façade besteht aus einem Parterre über dem nach Hamburger Art von Aufsen zugänglichen Souterrain — Parterre und Souterrain, ersteres bis zum Fenstergurt der ersten Etage, rustizirt —, aus einer in Sgraffito dekorirten ersten und zweiten Etage und einer über dem Hauptgesims angeordneten, loggienartig behandelten, mit leichtem Sgraffito-Ornament verzierten dritten Etage. Ein den Gebäude-Ecken entsprechender Rustikstreifen theilt die Façade in zwei Theile, von denen ein jeder in der Breite je drei im Rundbogen geschlossene Oeffnungen erhalten hat. Die erste Etage wird durch zwei Balkons und die Statue des heiligen Georg auf der Gebäudemitte ausgezeichnet.

Es ist wiederum eine italienische Reminiszenz, der Florentiner, rundbogige, sgraffito-geschmückte Palast Guadagni, die Semper beeinflusst zu haben scheint; aber dennoch präsentirt sich auch dieses Haus als eine originale, aus den Verhältnissen und Umständen erwachsene Schöpfung des Meisters. An ihm wird auch so recht sein Streben erkenntlich, mit Hülfe der Skulptur und Malerei nicht nur dekorativ zu schmücken, ein blofs sinnliches Wohlgefallen zu erregen, vielmehr, anknüpfend an den Bauzweck, einen Gedanken zum Ausdruck zu bringen, die inneren geistigen Beziehungen darzulegen, in welchen der Einzelzweck zu dem grofsen Ganzen steht, und so eine höhere geistige Befriedigung zu gewähren. So bildet denn der Beruf des Hausherrn, die Pharmacie, den Ausgangspunkt der Darstellungen auf den von den Fenster-Einfassungen, den Quaderungen und den wenigen horizontalen Gesimsen umsäumten Wandflächen. Knabengestalten treiben Apothekergeschäfte, in Gruppen, je nachdem dabei das Feuer, das Wasser, die Luft oder die Erde in's Spiel kommt, vertheilt; dann erscheinen die Elemente selbst, in weiblichen sitzenden Gestalten verkörpert, mit bezüglichen Knaben zur Seite, darunter die vier Welttheile, Pflanzen und Früchte tragend, die sie in unsere Apotheken liefern, und als Füllwerk über die Façade verstreut, Festons und Gehänge mit Inschrifttafeln und Medaillons. In den Balkon-Geländern begegnen uns Greifen und Sphinxe als Wächter der Naturgeheimnisse, alles aber beherrscht die Gestalt des heiligen Georg, des Patrons der Heilanstalten. Die spezielle Durchführung der Malereien, sowie deren Ausführung an Ort und Stelle besorgte der Dresdener Maler Hr. Rolle. Die von der Zeit zerstörten Malereien beabsichtigt Hr. Wilhelm Semper nach den Cartons, die sich erhalten haben, zu erneuern. —

Und von Projekten aus dieser Zeit sei des **Konkurrenzplanes zur Nikolaikirche in Hamburg** gedacht. Semper entwarf denselben infolge eines, von der mit der Leitung der baulichen Angelegenheit beauftragten Nikolai-Kirchenbau-Kommission unterm 28. Mai 1844 erlassenen Konkurrenz-Ausschreibens. Die für den Gottesdienst einer evangelisch-lutherischen Gemeinde bestimmte Kirche sollte diesem Ausschreiben gemäfs Sitzplätze für 1300—1400 Personen und im ganzen Raum für 3000 Personen, aufserdem eine Sakristei von 600 Quadratfufs, einen gleich grofsen Saal, drei Beicht-

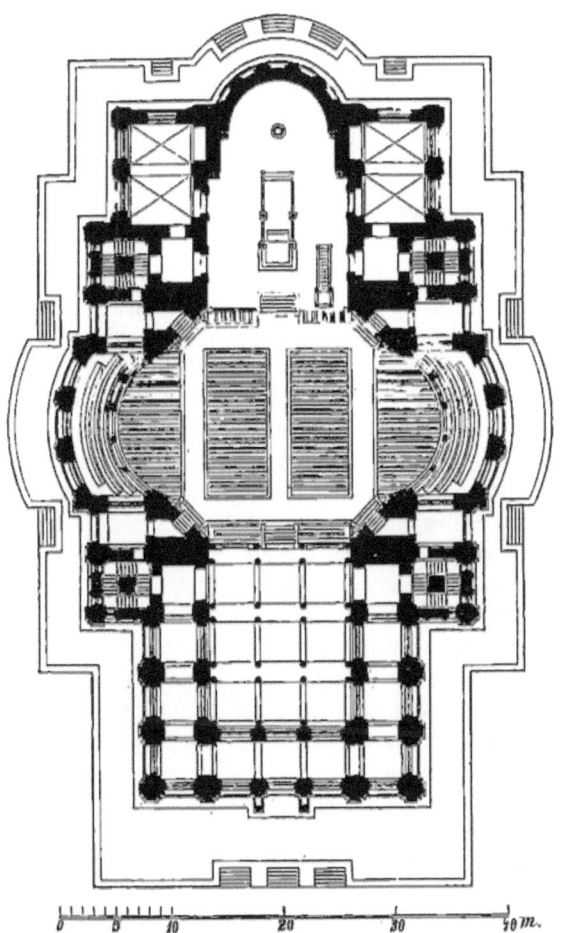

Konkurrenz-Entwurf für die Nikolaikirche
in Hamburg (1844).
Grundriss.

kabinete, Orgel und Musiktribüne erhalten. Form und Baustil wurde den Konkurrenten frei gestellt und nur ein mit massiver Spitze zu versehender Thurm verlangt. Die Baukosten sollten die Summe von 500000 Thaler nicht übersteigen.

Ueber die Prinzipien, von denen Semper bei seinem Entwurf ausging, giebt er in seiner Schrift: „Ueber den Bau evangelischer Kirchen" Rechenschaft. Er will die Kirche nach Grundplan und Aufbau, im Anschluss an den alterthümlichen, eng mit dem christlichen Volksgefühl verschlungenen und verwachsenen Typus der Basilika, aus dem Wesen des evangelischen Gottesdienstes gestaltet wissen und zerlegt sie, wie dies schon Bunsen und noch früher Schinkel gethan, in die Altar- und in die Predigtkirche, welche letztere mit einer Vorkirche zu versehen sei. Die Altarkirche soll Geräumigkeit für das würdige Begehen der heiligen Handlung darbieten und aufserdem den Taufstein aufnehmen. Die Predigtkirche enthalte, des Hörens und Sehens wegen, eine dem Quadratischen angenäherte Grundform; die Vierung, aus der Durchkreuzung des Hauptschiffes mit dem Querschiffe entstehend, bildet nach ihm den günstigen Raum für die Predigtkirche. Die Querschiffe sollen die der evangelischen Kirche charakteristischen, unentbehrlichen Emporen enthalten. Was aber den Baustil betrifft, so behauptet er, dass der Rundbogenstil dem Boden Deutschlands ebenso vertraut, dass er ebenso national wie der Spitzbogenstil, dass er aber theils der ferneren Ausbildung fähiger, theils an sich biegsamer und weniger exklusiv als jener sei, dass er Emporen zulasse, der Spitzbogenstil nicht. Semper legt darum seinem Plan das Quadrat zu Grunde, das er über die Schiffsweite von 12,50 m auf 20 m vergröfsert und welches er überdies nach den Seiten durch bogenförmige Ausbauchungen erweitert, an welche sich die 4 m tiefen, der Schiffsbreite von 12,50 m entsprechend breiten, gleichfalls bogenförmig geschlossenen Kreuzflügel anschliefsen. Das vor der Vierung gelegene, der Höhe nach getheilte Hauptschiff enthält zu ebener Erde die Vorkirche, die er mit einem, dem Gedächtnisse frommer und verdienter Männer gewidmeten Umgange umgiebt, darüber, im Niveau der Emporen, den Orgel- und Sängerchor und aufserdem Platz für Andächtige; das hinter der Vierung gelegene Hauptschiff aber enthält den geräumigen Altarplatz mit der angebauten Sakristei und Beichtstube. Vier Treppenthürme füllen die Ecken der Vierung.

Auch in der Façade bildet das Quadrat den Kernpunkt, an welchen sich die Armbauten anlehnen und über welchem sich, von den vier Kuppelthürmchen flankirt, die äufsere, der Leichtigkeit wegen aus Eisen konstruirte, achteckige, sphärische Schutzkuppel, der eine Laterne aufgesetzt ist, 94,50 m inclusive Kreuz hoch, empor hebt. Der westliche Kreuzesarm ist mit einem Giebel versehen, der ganze Bau aber auf einen um 6 Stufen über den Platz erhobenen Stereobat gesetzt. Die Ausbildung des Aufbaues erfolgte im Rundbogenstil ohne Schwere und Plumpheit und frei von jeder alterthümelnden Affektirtheit. Das Aeufsere zeigt im Kuppelaufbau wenigstens gesteigerte schlanke Verhältnisse, die ihren Grund darin haben mögen, dass der Kuppelaufbau die Stelle des verlangten Thurmes vertreten sollte. Semper meint von ihm, dass er in der That alle Bedingungen eines Thurmes erfülle. Die schlanken, aufgethürmten Verhältnisse und nicht die spitzigen Dächer seien es, die den Begriff des Thurmes bedingten. Ein Bau von über 300 Fufs Höhe bei einem Durchmesser von 60 Fufs sei demnach gewiss zu den Thürmen zu rechnen. Uebrigens erkannte Semper über der Vierung die organische Stelle für den Thurm, wenn man ihn nicht frei für sich an die Seite stellen wolle. Eine Modifikation des Vierungsaufbaues zeigt anstatt einer Kuppel einen Thurm mit achteckigem Helm von 136 m Höhe, vom Niveau des Marktes bis zur Spitze des Kreuzes gemessen. Die Konstruktions-Elemente waren dem Backstein-Material entnommen, womit Marmor, Granit und Sandstein verbunden werden sollte.

Für das Innere, das in der Mitte eine lichte Höhe von 43,50 m hat, ist die Anlage der Emporen im Sinne byzantinischer Kirchen charakteristisch. Semper erwartet, dass die geringen, durch die Verhältnisse dieser Hallen bedingten Dimensionen einen Rahmen abgeben, wodurch die grofsen Verhältnisse des Domes noch gehoben werden und malerische

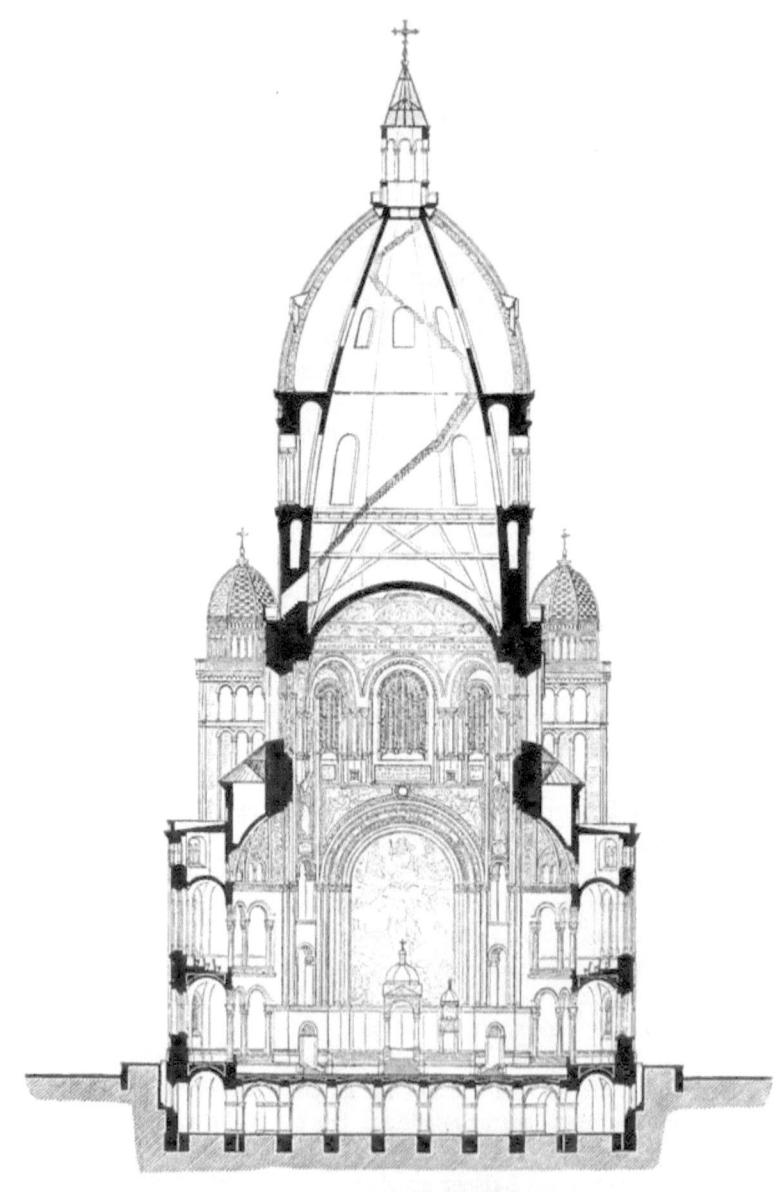

Konkurrenz-Entwurf für die Nikolaikirche
in Hamburg (1844).

Durchschnitt.

Konkurrenz-Entwurf für die Nikolaikirche
in Hamburg (1844).

Ansicht.

Wirkungen des Kontrastes in der Beleuchtung und den Dimensionen entstehen müssen. Er hat davon abgesehen, dass das Innere durch einen einzigen Ueberblick sich ganz darstelle. Die hohe Kreuzüberwölbung solle sich beim Eintritt nur ahnen lassen. Nicht auf Ueberraschungen, sondern auf sich einander vorbereitende Wirkungen und auf eine Folge von Eindrücken hat er gerechnet. Wände und Gewölbe der Kirchen dachte sich Semper mit Bildwerken ausgestattet, in welchen die Geschichte der christlichen Religion in ihren Hauptmomenten zur Darstellung kommen sollte. Der ganze Innenraum verspricht eine eigenartige, ernste, sympathische, echt kirchliche Wirkung. Ob er in akustischer Beziehung genügt haben würde, ist eine andere Frage. Semper bejaht sie entschieden. Den im Programm gestellten Anforderungen bezüglich der unterzubringenden Personen und der Kosten entsprach dieser Plan. —
Die aus vier Architekten und zwei Baubeamten Hamburgs — der dritte berufene Beamte, Baudirektor Wimmel, war inzwischen verstorben — zusammen gesetzte Prüfungs-Kommission, deren Gutachten ein entscheidendes Gewicht zugesichert worden war, sprach sich einstimmig dahin aus, dass dem Plane von Semper der erste Preis zuzutheilen sei, ein Urtheil, das der Kirchenbau-Kommission jedoch nicht zusagte. Man berief den Kölner Dombaumeister Zwirner und Boisserée und erkannte auf deren Vorschlag der Kreuzkirche des Engländers Scott, dessen Langschiff-Projekt die Hamburger Sachverständigen für den dritten Preis empfohlen hatten, den ersten Preis zu, demselben Projekte, das von der früheren Kommission, als dem Programme nicht entsprechend, von der Konkurrenz ausgeschlossen worden war. Semper aber ging leer aus. Das eifrige Bestreben Semper's, den Bedingungen des Programms, sowie des gegebenen Platzes gerecht zu werden und insbesondere die für die evangelische Kirche, unter Berücksichtigung des historischen Gesichtspunktes, angemessenste Form zu finden, wurde übel belohnt. Man zog seinem Projekte an maafsgebender Stelle die in den gothischen Formen des katholischen Domes gedachte Kirche Scott's, die eine der Aufgabe entsprechende Lösung nicht bot, weit vor.

Wenn man diesen Ausgang um der Sache selbst willen nur auf das lebhafteste beklagen kann, so soll damit der Scottschen Kirche, als architektonischer Leistung an sich, eine gerechte Anerkennung doch nicht vorenthalten bleiben, um so weniger, als sie eine Beherrschung der Gothik zeigt, wie sie wohl keinem gleichzeitigen deutschen Architekten eigen war. Die gothisch ausgeführte Aufbau-Variante konnte Semper nicht mehr rechtzeitig vollenden; er brachte sie auf der akademischen Kunstausstellung in Dresden nachträglich zur öffentlichen Schau. —

Im Mai 1849 verliefs Semper Dresden; am 1. August 1859 wurde der Neubau des **Polytechnikums in Zürich** nach seinen Plänen in Angriff genommen; volle zehn Jahre hindurch war es ihm mithin nicht vergönnt gewesen, bauen zu können.

Zu Erlangung von Neubauplänen für das Polytechnikum hatte der Regierungsrath am 30. Wintermonat des Jahres 1857 eine öffentliche Konkurrenz ausgeschrieben und sowohl schweizerische als ausländische Architekten zur Betheiligung eingeladen. Die am 5. April 1858 zumeist aus der Schweiz, dann aus Deutschland (3) und aus Frankreich (2) eingegangenen 19 Projekte wurden dem Preisgerichte, zu welchem Semper gehörte, überwiesen und von demselben mittels Gutachtens vom 29. April 1858 dahin beurtheilt, dass keines der Projekte für die Bauausführung sich eigne, dass vielmehr die weitere Aufgabe gegeben sei, einen allen Verhältnissen entsprechenden neuen Plan ausarbeiten zu lassen. Mit dieser Ausarbeitung betraute der Regierungsrath, nachdem inzwischen vom schweizerischen Schulrathe und dem Senate der Hochschule eingehende Erklärungen über die betreffenden Bedürfnisse der räumlich zu vereinigenden Anstalten gefordert und gegeben worden waren, durch Beschluss vom 5.*) Brachmonat den Staats-Bauinspektor Wolff und Professor Semper, und am 28. Christmonat 1858 erhielten die von beiden eingereichten Pläne die Zustimmung des Grofsen Rathes.

---

*) In dem, dem Grofsen Rathe erstatteten Bauberichte wird der 25. Brach-Monat angegeben.

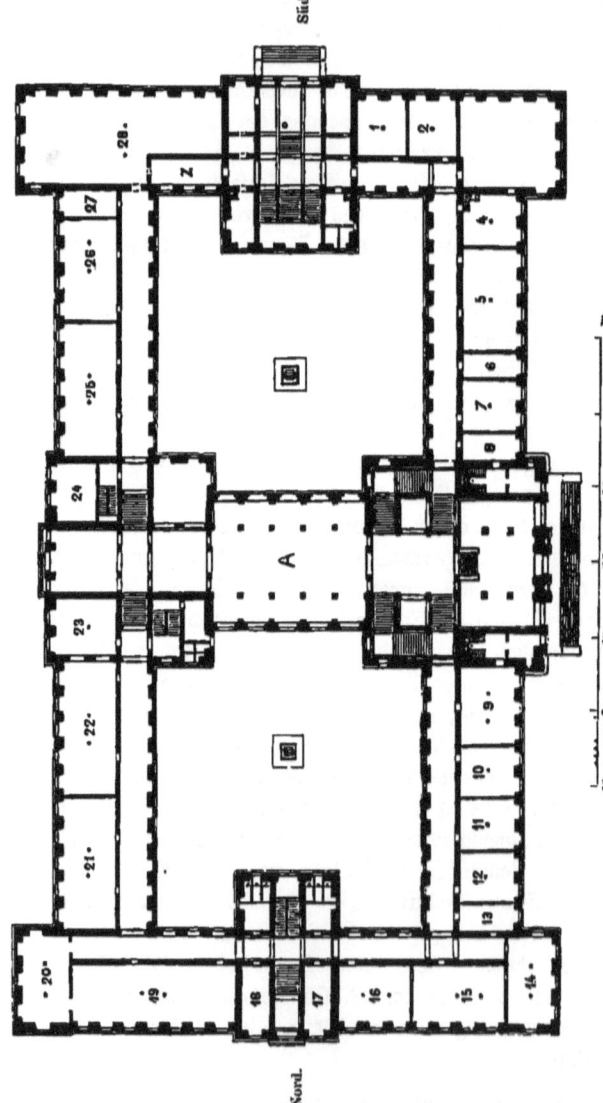

Eidgenössisches Polytechnikum zu Zürich, erb. 1859—64.

Hochparterre. *A*) Gipsmuseum. 1—5) Räume f. d. physikalischen Unterricht u. 6—8) Verwaltungsr. der Universität. 9—17) Bauschule. 18—22) Mechanische Schule. 25—26) Auditorien. 27 u. *Z* Professoren-Z. 28) Mechanische u. mechanisch-technologische Sammlung.

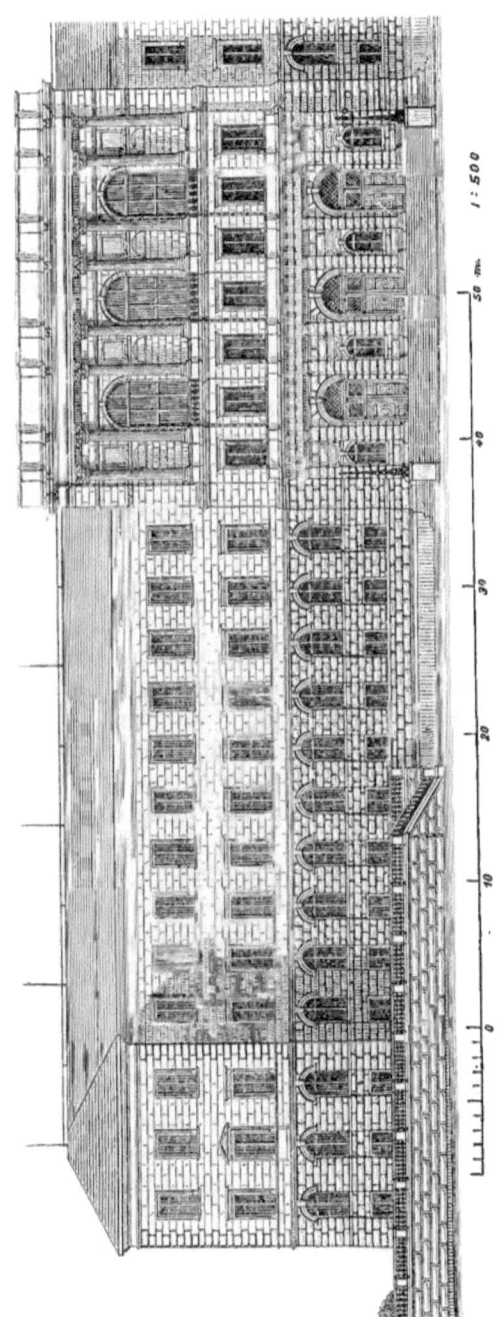

Eidgenössisches Polytechnikum zu Zürich, erb. 1859—64.
Ansicht der westlichen Hauptfront.

In dem Gebäude waren das schweizerische Polytechnikum, die Züricher Hochschule, beide gänzlich von einander getrennt, und die kantonalen Sammlungen, deren sich beide Anstalten bedienen, unterzubringen; ein Neben-Gebäude wurde für die chemische Schule bestimmt und dieses Neben-Gebäude war es, mit welchem der Neubau überhaupt begann. Als Bauplatz für denselben diente ein Plateau des Zürichberges, auf welchem er, hoch über der Stadt gelegen, diese beherrscht. Hier entwickelt er sich in einem Parallelogramm von 127,20 ^{m} auf 76,05 ^{m}, dreigeschossig, zwei Etagen über mächtigem Rustik-Parterre, die Langseiten gegen West und Ost gewandt. Die Westfront aber, welche der Stadt zugekehrt ist, wurde als Haupt-Façade behandelt und ihr wiederum in dem Mittelbau, in welchem die der räumlichen Ausdehnung und inneren Bedeutung nach wichtigsten Lokalitäten verlegt wurden und welcher darum gleichsam als Inbegriff des ganzen Bauwerkes aus ihr heraus tritt, ein idealer Kern, „das Titelblatt für den ganzen Inhalt des Werkes und zunächst für dasjenige, was es selbst enthält", von sprechendem Ausdruck und imposanter Wirkung verliehen. Ueber einem in mächtiger Rustik ausgeführten Portalbau, der zu dem grofsen Vestibüle, den Haupttreppen und der Antikenhalle führt, und dem Zwischen-Geschoss, welches den Versammlungs-Saal des Schweizerischen Schulrathes enthält, bildet die beiden Anstalten, dem Polytechnikum und der Hochschule gemeinsame Aula mit drei mächtigen Rundbögen zwischen gekuppelten korinthischen Säulen sich öffnend, die Krönung des Mittelbaues, „gleichsam das Sanktuarium" der ganzen Anlage. Das in dem Parterre und dem Obergeschoss angeschlagene Motiv, weite, von Säulen oder Pilastern umfasste Oeffnungen mit kleinen rundbogigen Fenstern oder Nischen dazwischen, kehrt an allen Hauptheilen des Baues wieder und steigert sich in der Aula zur reichsten Wirkung. Was aber die ganze Vorderseite besonders wirkungsvoll erscheinen lässt, sind die Niveau-Verhältnisse, die Semper, durch das von Ost nach West abfallende Terrain veranlasst, derart ordnet, dass er die Höhe des östlichen Niveau's um das Gebäude herum bis nahe an den Mittelbau der Westseite vermittels Terrassen führt, diesen Mittelbau aber auf die im westlichen Niveau tiefer liegende Strafse vor dem Polytechnikum hinab führt, so dass derselbe von den höheren Terrassen auf das glücklichste flankirt wird. Eine Freitreppe in der ganzen Breite des Portalbaues ist diesem vorgelegt; auch von den Terrassen führen Treppen nach dem Strafsen-Niveau hinab, mit der Portal-Treppe auf gleicher Area mündend.

Konzentrirte aber Semper in weisem Haushalten vornämlich auf den westlichen Mittelbau die architektonische Wirkung, um hier den idealen Inhalt der ganzen Anlage mit allem Nachdruck zum Ausdruck zu bringen, so will es doch scheinen, als ob er die anstofsenden Flügel etwas zu stiefmütterlich behandelt habe. Die Menge der gleichmäfsig und gewöhnlich behandelten Fenster, die einen inneren Organismus nicht zu Tage treten lassen, geben dem Gebäude etwas Monotones, aber nicht den charakteristischen Ausdruck einer Schule. Die Südseite, von Süden her gleichfalls weit sichtbar, erhebt sich durchaus nicht auf die Höhe, die wir bei Semper'schen Werken gewöhnt sind. Und auch die Westseite macht von Fern her mit dem platten Mitteldache und den anstofsenden Schieferdächern einen stumpfen Eindruck. Ja es will scheinen, dass da, wo Semper zum vollen Ausdrucke seiner Intentionen reiche architektonische Ausdrucksmittel oder malerische Elemente versagt waren, er leicht dahin neigte, sich auf das Gewöhnliche zu beschränken. Auch die Hofarchitektur des Polytechnikums, die chemische Schule, das Fierz'sche Haus dürften diese Vermuthung unterstützen. Semper selbst scheint etwas Aehnliches bei seiner Westfaçade empfunden zu haben; denn er projektirte auch für die Flügel dieser Seite eine Sgraffitomalerei, der man freilich das Nachträgliche ansieht. Sgraffitoschmuck hat er dann auch der Nordfaçade über der Parterre-Rustik gegeben. Auf dieser Seite befinden sich die Zeichensäle und es sind darum die Fenster der ersten Etage arkadenartig behandelt und im Rundbogen geschlossen. Hier ordnete Semper unter dem Fenstergurte der ersten Etage und über den Fensterverdachungen der

Eidgenössisches Polytechnikum zu Zürich, erb. 1859—64.
Mittelbau der Westfront nach dem Projekt.

Eidgenössisches Polytechnikum zu Zürich, erb. 1859—64.
Ansicht des Vestibüls und Treppenhauses nach dem Projekt.

zweiten Etage Friese an, von denen der untere zwischen Lorbeerschmuck in Medaillons die Bildnisse hervor ragender Repräsentanten der Kunst und des technischen Wissens, der obere die Wappen der Schweizer Kantone, durch Festons verbunden, enthält. Zwischen den Fenstern der zweiten Etage des Mittelbaues dieser nördlichen Seite thronen die Gestalten der Kunst und Wissenschaft — allzu mächtige Gestalten, — Genien zur Seite; und Genien füllen die Bogenzwickel, Inschrifttafeln haltend; Gehänge und Verzierungen aber verbreiten sich über Schäfte und Simse. Der ganze Schmuck macht einen etwas unruhigen Eindruck, fügt sich auch mit dem für die Westfronte projektirten nicht zusammen und reicht an die Schönheit und Geschlossenheit der für das Wilhelm Semper'sche Haus erdachten Komposition nicht heran.

Wie aber Semper in der genialen Beherrschung und Ausnutzung des Terrains und der grofsartigen Gestaltung des Mittelbaues — eines in der Architektur-Behandlung, im Gegensatze der derben Rustik zu der fein durchgebildeten Architektur des Obergeschosses, an das Dresdener Museum errinnernden Werkes — ganz auf der Höhe seines Schaffungs-Vermögens steht, so auch in der inneren Disposition. Er fasst alle die Elemente, die im Bau gegeben sind, zusammen zu einer Gesammtwirkung von poetischer Schöne. Das untere Vestibül, die der Terrain-Formation entsprechend aufwärts führenden Stufen, das Treppen-Vestibül mit der Perspektive nach den Korridoren rechts und links, die Durchsicht nach der oberen Etage und weiterhin die Halle der Antiken, die, den Hof durchschneidend, das westliche mit dem östlichen Vestibül verbindet, vereint er zu einem grofsartigen Ganzen von seltener Raumschönheit. Und nicht mit Unrecht hat man die Verwendung des Terrains zu Erzielung grofsartiger, aus dem Gegebenen hervor gerufener Effekte mit den Pracht-Anlagen genuesischer Paläste verglichen. Auch die Aula mit den Dekorations-Malereien von Dieterle und Lahens und den Plafond-Bildern von Bin ist, wenn schon nur zum Theil mit den ihr zugedachten, die Kultur des Menschengeschlechtes und ihre Geschichte behandelnden Bildern geschmückt, von schöner Wirkung; nur der Vorplatz vor der Aula macht einen etwas gedrückten öden Eindruck.

Am Polytechnikum finden wir zum ersten Male Rustikpilaster verwendet, die in den späteren Bauten Semper's eine grofse Rolle spielen.

Die Abbildungen auf Seite 68 und 69 stellen den Mittelbau und einen Theil des anstofsenden Flügels, sowie das Vestibül mit dem vollen Schmucke an Skulpturen und Malereien

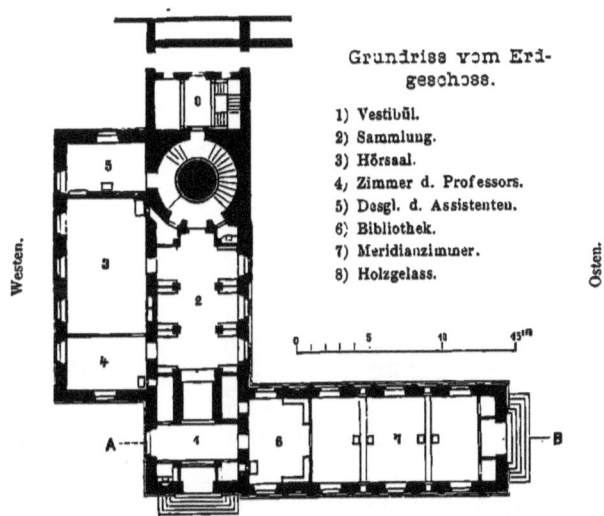

Sternwarte zu Zürich, erb. 1861—64.

dar, wie ihn Semper sich gedacht, der aber nicht zur Ausführung gekommen ist.

Unweit des Polytechnikums, noch höher als dieses und unmittelbar am Bergabhange gelegen, befindet sich die Sternwarte. Dieselbe besteht aus einem dreigeschossigen Langbau, welchem das Observatorium in Form eines kuppelbedeckten Rundthurms angefügt ist. Dem ersteren schliefst sich zur Linken, etwas zurück springend, ein Gebäudekörper in gleicher Richtung und von annähernd gleicher Tiefe, nur zwei Geschoss hoch, an und in der Flucht der Stirnseite, rechts und im rechten

Ost-Façade.

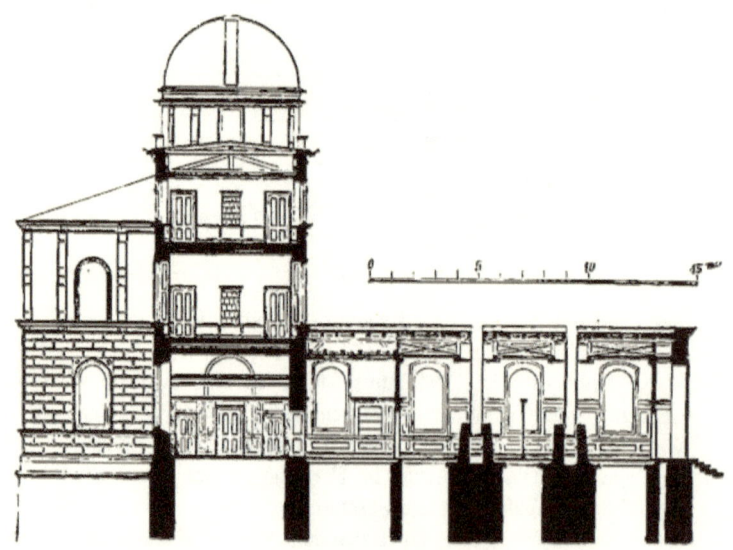

Durchschnitt nach A—B.

Sternwarte zu Zürich, erbaut 1861—64.

Sternwarte zu Zürich, erb. 1861—64.

Winkel, ein eingeschossiger, Bibliothek und Meridianzimmer enthaltender Flügelbau. Im Mittelbau, Parterre, befindet sich ein Sammlungs-Saal, im Parallelbau Hörsaal und Arbeitszimmer. Das zweite Geschoss enthält die Wohnung des Professors. Die Oeffnungen sind im Rundbogen geschlossen. Rustik-Streifen fassen Mauerecken und Fenster ein. Die architektonische Behandlung erinnert an Bramantes römische Bauten. Der Hauptvorzug des Gebäudes, das eine malerische Gruppirung erfahren hat, ohne dass doch diese Gruppirung zu einer durchschlagenden Wirkung gelangt wäre, beruht in der Art und Weise, wie sich dasselbe in die schwierigen örtlichen Verhältnisse und in die umgebende Natur einfügt. Eine Vervollständigung der nur an dem Kuppelthurm leichthin angewandten Sgraffito-Dekoration würde ohne Zweifel der harmonischen Wirkung des Gebäudes zu Gute gekommen sein. Besonders reizvoll ist die Anlage der an sich ganz simplen Gartenmauer, in welcher die Schwierigkeiten des ansteigenden Terrains in glücklicher Weise überwunden sind.

Viel gerühmt ist auch das Stadthaus zu Winterthur, das in den Jahren 1865—1866 entstand. Aufser Semper hatten noch zwei andere Architekten im Auftrage der Stadt Pläne dazu entworfen. Das Semper'sche Projekt gefiel sehr, erregte aber der Kosten wegen Bedenken. Da wurde, um dieses Projekt zu verwirklichen, aus der Mitte der Bürgerschaft selbst ein ansehnlicher Beitrag gezeichnet und am 10. Mai 1865 wählte denn auch die Bürgergemeinde dasselbe, nach warmer Befürwortung durch den Stadtrath mit grofser Majorität zur Ausführung. Das Gebäude besteht aus einem dominirenden Mittelbau, der die doppelte, von oben beleuchtete Treppe, die vom Parterre bis in die zweite Etage führt, und, in der ersten Etage, den Mitteltrakt des durch zwei Etagen reichenden, basilikaartig angeordneten, mit Gallerien versehenen Berathungssaales enthält; Flügelbauten nehmen die Verwaltungsräume auf. Dem Mittelbau ist nach vorn eine giebelbekrönte Säulenstellung von vier Säulen in der Fronte vorgestellt, die auf dem Niveau der ersten Etage ruht, und zu welcher von aufsen eine Freitreppe empor führt. Unterhalb dieser Treppe und von beiden Seiten gelangt man ins Parterre. Das ganz aus Quadern hergestellte Gebäude ist von unläugbar vornehmer Wirkung, aber verschweigen lässt sich nach meinem Dafürhalten nicht, dass die Stirnseiten der Flügel mit ihren wie Kulissen vorgesetzten dorischen Pilaster-Architekturstücken zum Haupt-Gebäudetheil nicht recht stimmen wollen und dass es das Charakteristikon des Rathhauses, nach deutschen Begriffen wenigstens, kaum trägt. Dass die innere Treppe, für welche nur ein beschränkter Raum vorhanden, in der beliebten Anordnung den Eindruck einer erzwungenen Grofsartigkeit macht, wird sich wohl auch nicht völlig in Abrede stellen lassen. Bei dem Berathungssaale bringt Semper eine von Vitruv in der Basilika von Fano getroffene Anordnung zur Anwendung, indem er den Mittelbau durch jonische Säulen, die das Gallerie-Gebälk durchschneiden, von den Seitenschiffen abgrenzt, die Gallerie-Zwischendecke aber durch an die Säulen angearbeitete, von dem Mittelraum aus also nicht sichtbare Pfeiler tragen lässt. Während aber Vitruv diese Pfeiler auch in der Gallerie-Etage wiederholt, beschränkt Semper sie auf das untere Geschoss. Unschön wirkt diese Galleriedecken-Unterstützung da, wo statt der Säulen Pilaster vorkommen, gegen welche dann, da ja die den Säulen angefügten Pfeiler die Flucht der viereckigen Pilaster überschneiden, die Gallerie-Träger in unmotivirter Weise anlaufen. Das Innere des Gebäudes hat den ihm zugedachten malerischen Schmuck noch nicht erhalten. —

Aus der ersten Hälfte des Züricher Aufenthalts Semper's stammt sein Entwurf zu dem Theater für Rio de Janeiro. Der Grundriss desselben stimmt in den wesentlichsten Motiven mit demjenigen des abgebrannten Dresdener Theaters überein: der Zuschauerraum kommt wie dort im äufseren Halbkreis zum Ausdruck; auch die anschliefsenden Seitenbauten mit den beiden Haupt-Treppen, zu denen sich auf der rechten Seite noch eine dritte gesellt, gliedern sich, so wie dies in Dresden der Fall war. Ist aber die ganze Anlage schon im Grundplane eine opulentere, als die des alten Dresdener Theaters, so ist sie es noch mehr in der Façade. Die Dominante dieser letzteren bildet

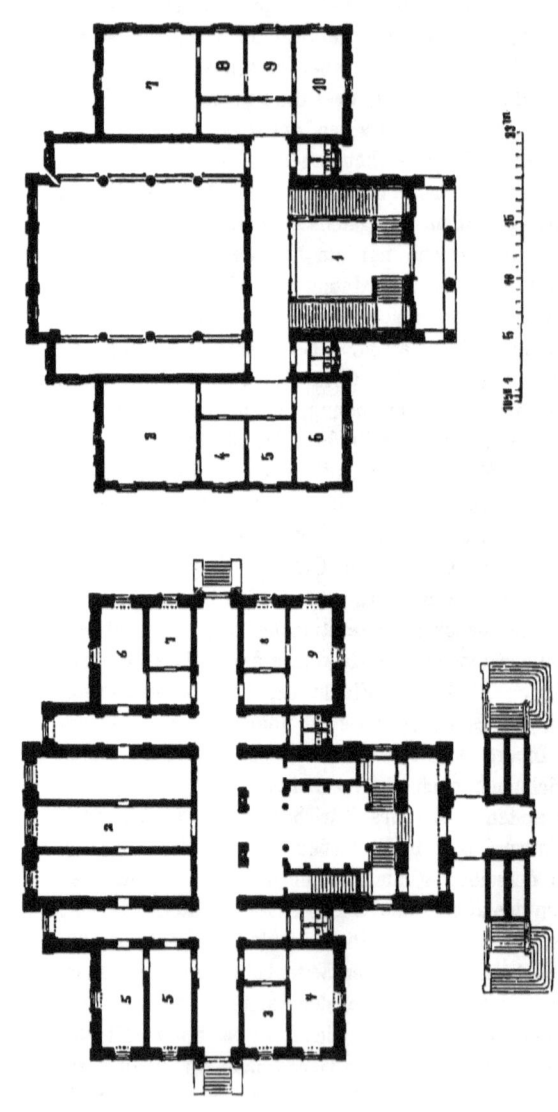

Erdgeschoss: 1) Vestibül. 2) Archive. 3 u. 4) Polizei. 5) Stadt-Notar. 6) Steuer-Büreau. 7) Abwart. 8) Gemeindeguts-Verw. 9) Zentral-Verw.-Kasse. Erster Stock (entsprechend dem II. Stock): 1) Treppenhaus. 2) Gemeinde-Saal. 3) Stadtrath. 4) Abwart. 5 u. 6) Forstamt. 7) Kanzlei. 8) Stadtschreiber. 9) Zivilstands-Büreau. 10) Stadt-Präsident. Zweiter Stock: 3) Hochbau-Büreau. 4) Baupolizei. 5 u. 9) Kömmissions-Z. 6 u. 10) Disponibel. 7) Ingenieur-Büreau. 8) Kataster.

Stadthaus zu Winterthur, erb. 1865—66.

Stadthaus zu Winterthur, erb. 1865—66.

das Bühnenhaus, das sich, nun als besonderer Giebelbau ausgebildet, über die umgebenden Baulichkeiten heraus hebt, eine Bewegung, die in den Saalbauten zu den Seiten des Bühnenhauses und in der dem Halbrund vorgestellten Exedra wiederklingt. Exedra und Säle haben durch zwei Geschosse gehende, auf hohen Postamenten stehende korinthische Säulen und eine figurengeschmückte Attika, die Exedra aufserdem einen Giebel mit kuppelförmigem Aufsatze und eine Quadriga darauf erhalten. Die Exedra mit einer Treppen-Anlage, die vom Niveau des Foyers zu dem in der Nische aufgestellten Kaiserthrone führt, soll dem Kaiser in den Pausen zum Aufenthalte dienen, ein in dieser Auffassung etwas byzantinischer Gedanke. Die Umfassungsmauer des Zuschauerraumes wächst wie im Dresdener Theater über die konzentrischen Foyers hinaus, zeigt aber über ihrem Hauptgesimse eine seltsame, aus Pfeilern und Strebebögen als Widerlager einer das Dach von aufsen unterstützenden Eisenkonstruktion bestehende Hülfskonstruktion. Bedeckte Säulengänge schliefsen das Halbrund viereckig ein, Fontainen füllen die Zwickelräume aus. Die Wirkung der Façade ist eine frappante, phantasievolle, an Grofsartigkeit den Römerbauten gleichen Zwecks verwandt. Das Innere des Theaters hat eine dem späteren Dresdener Theater ähnliche Anordnung erfahren, indem auch hier korinthische, durch die Höhe des ersten und zweiten Ranges sich erhebende Säulen die kaiserliche Mittel-Loge und die Proszeniums-Logen abtheilen, die übrigen Logen aber nicht durch Halbkuppeln, sondern durch halbe Tonnengewölbchen, die an den Ecken mit Viertel-Kuppeln abschliefsen, nach dem Saal hin abgedeckt sind. Leider brachte auch dieses Projekt Semper nicht den erhofften Erfolg.

Im Auftrage des Königs Ludwig II. von Bayern entwarf Semper das **Festtheater für München**, das, für grofse Bühnen- und Opern-Darstellungen bestimmt, zunächst der Aufführung der Nibelungen-Trilogie Richard Wagner's dienen sollte und welchem darum die Ideen Wagner's über Einrichtung eines derartigen Theaters zu Grunde gelegt wurden. Der Grundplan weicht insofern von der herkömmlichen Form ab, als das

Auditorium ein der Bühne gegenüber im Segment abgeschlossenes Oblongum bildet, in welchem sich die Sitze in Segmentform, amphitheatralisch wie im antiken Theater angeordnet, erheben. Der Raum wird auf drei Seiten von einer Säulenhalle begrenzt. Zu den Seiten des Auditoriums befinden sich je zwei Treppen, vor demselben das parallel mit der Aufsenwand laufende, daher gleichfalls bogenförmige Foyer mit einer Exedra in der Mitte. Hinter dem Auditorium, von diesem durch einen leeren Zwischenraum, den „mystischen Abgrund", der „die Realität von der Idealität zu trennen" hat, und in welchem sich, dem Beschauer unsichtbar, das Orchester befindet, geschieden, liegt die mit einem Proszenium, auf welchem sich zunächst die Handlung abspielt, versehene Bühne. Garderoben umfassen dieselbe. Saalbauten aber, die sich flügelartig den Treppenhäusern anschliefsen und an deren Ende im Parterre Unterfahrten angeordnet sind, vervollständigen die Längen-Entwicklung des Grundplans. In der Façade dominirt, wie im Theater-Entwurfe für Rio de Janeiro, das Bühnenhaus; Foyers und Anbauten sind als zweistöckige Arkaden mit doppelten Rustik-Pfeilern im Parterre, gekuppelten Säulen in der Etage, behandelt. Das Ensemble ist ein schönes, grofsartiges, von einheitlicher, harmonischer Wirkung. Der Bau war in Verbindung mit einer Strafse gedacht, die in der Richtung der Hofgartenstrafse, parallel der Maximilianstrafse, an die Isar führen sollte. Auf der Höhe des entgegen gesetzten Ufers, dem Gasteig, sollte sich unweit des Maximilianeums das Theater erheben, zu welchem, von der die Isar überschreitenden Brücke aus, mächtige Freitreppen empor führten, wodurch die Wirkung der ganzen Anlage gewaltig gesteigert worden wäre. — Die heftige Opposition, welche dem Projekte in München begegnete, verleidete dem hohen Auftraggeber die Ausführung des Baues. —

In den Plänen zu dem **neuen Dresdener Hoftheater** giebt Semper seinen Intentionen über die Gestaltung des modernen Theaters, wie sie sich bei ihm in Folge fortgesetzter Beschäftigung mit dieser Aufgabe und im Anschluss an seine im Laufe der Zeit weiter entwickelten architektonischen

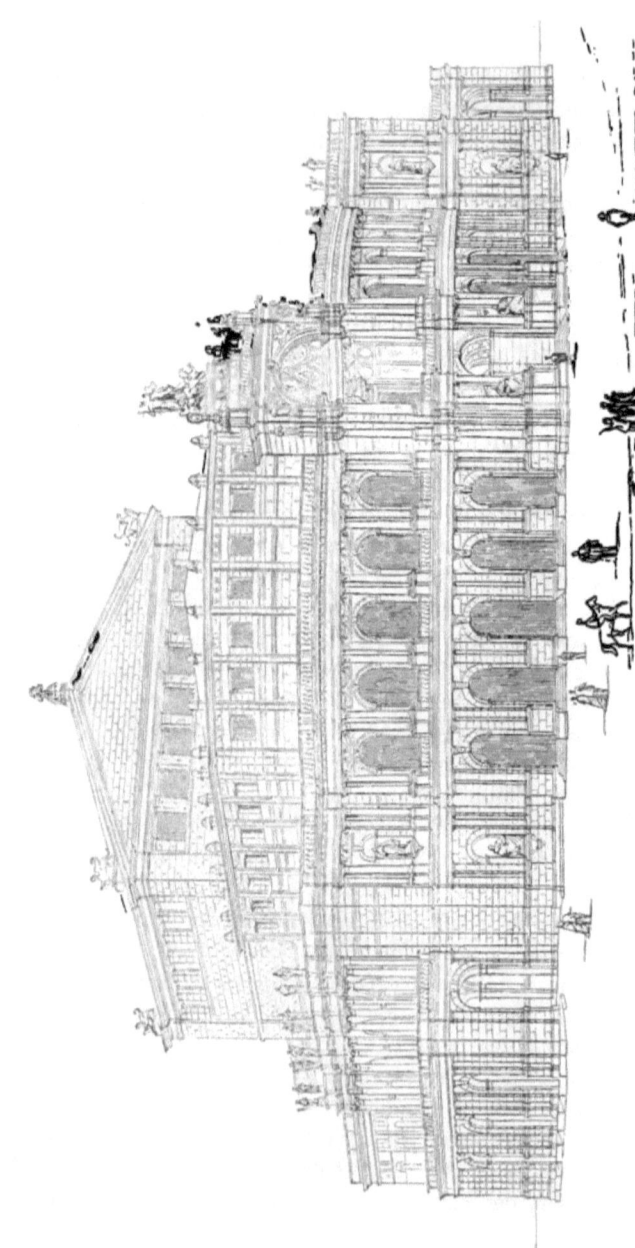

Neues Hoftheater zu Dresden, erb. 1871—78.

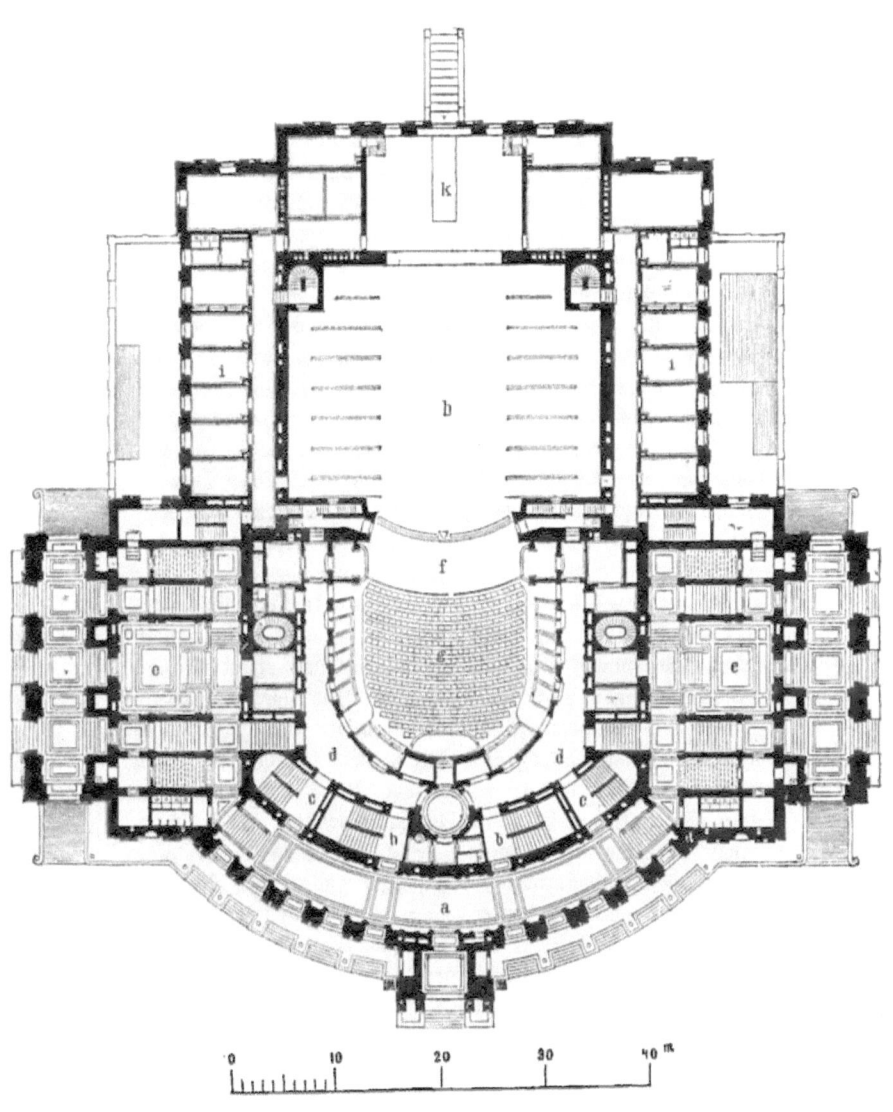

a) Foyer. *b*) Treppe nach dem II. u. III. Rang. *c*) Treppe nach dem IV. u. V. Rang. *d*) Garderoben-Korrid. *e*) Vestibül. *f*) Orchester. *g*) Parquet. *h*) Bühne. *i*) Garderoben, links für Damen, rechts für Herren. *k*) Hinterbühne.

Neues Hoftheater zu Dresden, erb. 1871—78.
Grundriss vom Erdgeschoss.

Anschauungen heraus gebildet haben, Ausdruck. Von der Sächsischen Regierung auf Antrag der Stände nach Untergang des alten Theaters berufen, Vorschläge über einen Neubau zu machen, stellte Semper einen, unter Wegfall der über den Unterfahrten projektirten Probesäle auch zur Ausführung gelangten, Entwurf auf. Er wählte im Gegensatze zu der *ad hoc* ernannten königlichen Kommission wiederum den Theaterplatz als Bauplatz, nur mit der Abweichung von der Situation des zerstörten Gebäudes (welch letztere durch die projektirte Verbindung mit dem Zwinger bestimmt worden war) dass er nun, nachdem jene Verbindung durch den Museumsbau unmöglich geworden war, in ästhetischer Rücksichtnahme auf das Museum und, um von demselben jede Gefährdung durch einen Theaterbrand abzuwenden, das neue Haus so weit zurück schob, dass die vordere Stirnseite der Unterfahrten mit der nordwestlichen Seitenfronte des Museums in eine, nur von dem bogenförmig gebildeten Theile der Vorderfaçade, überragte Fluchtlinie fällt, das Museum aber gegen den Theaterplatz zu in seiner ganzen Längenausdehnung frei wird. Was den Plan selbst anlangt, so behält Semper im Grund- und Aufriss die zuerst bei seinem Münchener Festtheater, den Erfordernissen des Innenraumes gemäſs, zur Anwendung gebrachte segmentförmige Gestaltung der vorderen Front bei, wogegen er den Zuschauerraum bis zum vierten Range im vollen Halbkreis schlieſst, über diesen hinaus aber die den äuſseren Gebäude-Umfassungen parallelen Saalwände sichtbar werden lässt, eine Anordnung, die wohl nur von Puristen als inkonsequent getadelt werden dürfte. Der Grund aber, der Semper bestimmt hat, das Segment an Stelle des Halbkreises zu wählen, wird wohl darin zu finden sein, dass jenes, weil kürzer als dieser, zu den Seiten des Auditoriums den Raum für eine bedeutsame Entwickelung der Vestibüle und Treppen, wie sie nach Vorgang der neuen Pariser Theater für Theatergebäude höheren Ranges auch bei uns mit Recht verlangt wird, übrig lässt; ein Umstand, von dem Semper vollen Gebrauch macht, indem er von den ca. 2300 ^{qm}, die das neue Theater mehr als das alte misst, wohl für Vergröſserung der Bühne und der Dependenzen derselben mehres beansprucht, den Löwenantheil aber den Vestibülen und Treppen zuweist.

Entschiedener aber und rüsksichtsloser als in irgend einem anderen Bauwerke Sempers macht sich hier das Streben nach charakteristischem Ausdruck geltend. Schon im Grundplan hält Semper den für das Publikum bestimmten und den zur Bühne gehörigen Theil scharf auseinander, in der einfachen, durchsichtigen Anordnung vor allem und scheinbar ausschliefslich dem praktischen Bedürfniss und der Zweckmäfsigkeit im vollsten Maafse Rechnung tragend, und spricht dann im Aufbau die verschiedene Bestimmung dieser beiden Haupttheile nach Höhe und Ausdruck, nicht nur im allgemeinen, sondern bis in die speziellen Einzelzwecke hinein und unter steter Berücksichtigung ihrer Werthstellung auf das prägnanteste aus. Wiederum bildet das gegiebelte Bühnenhaus den hoch ragenden Mittelpunkt, um welchen sich in terassenförmiger Abstufung die verschiedenen Bautheile, Zuschauerhaus und Exedra mit der dyonisischen Pantherquadriga Schillings, Foyers, Treppenhäuser und Unterfahrten, Hinterbühne und Garderobe gruppiren. Hatte aber Semper bei dem alten Theater neben dem charakteristischen Ausdrucke insbesondere die Harmonie, das ruhige Ebenmaafs der äufseren Erscheinung im Auge und ist der durchschlagende Erfolg, den dasselbe erwarb, gerade dem glücklichen Erreichen dieses Ziels zuzuschreiben, so giebt er jetzt diese harmonische Geschlossenheit ohne Bedenken auf, um den inneren Organismus seiner Eigenart und Spezialität nach im Aufsenbau auf das Unverkürzteste und Wahrhaftigste zum Ausdruck zu bringen und damit jene höhere Einheit zu erreichen, die in dem Zusammenwirken der verschiedenen Theile als solcher zu einem gemeinsamen Zwecke begründet liegt. Und dazu bedient er sich der architektonischen Ausdrucksmittel als Mittel zum Ausdrucke dessen, was er will, mit einer Freiheit und Souverainetät, wie sie der Redner übt, um mit Worten, die zwar jedem zur Verfügung stehen, die aber nicht jeder entsprechend zu gebrauchen versteht, seine eigensten Gedanken auszusprechen, und welche uns überzeugend beweisen, dass

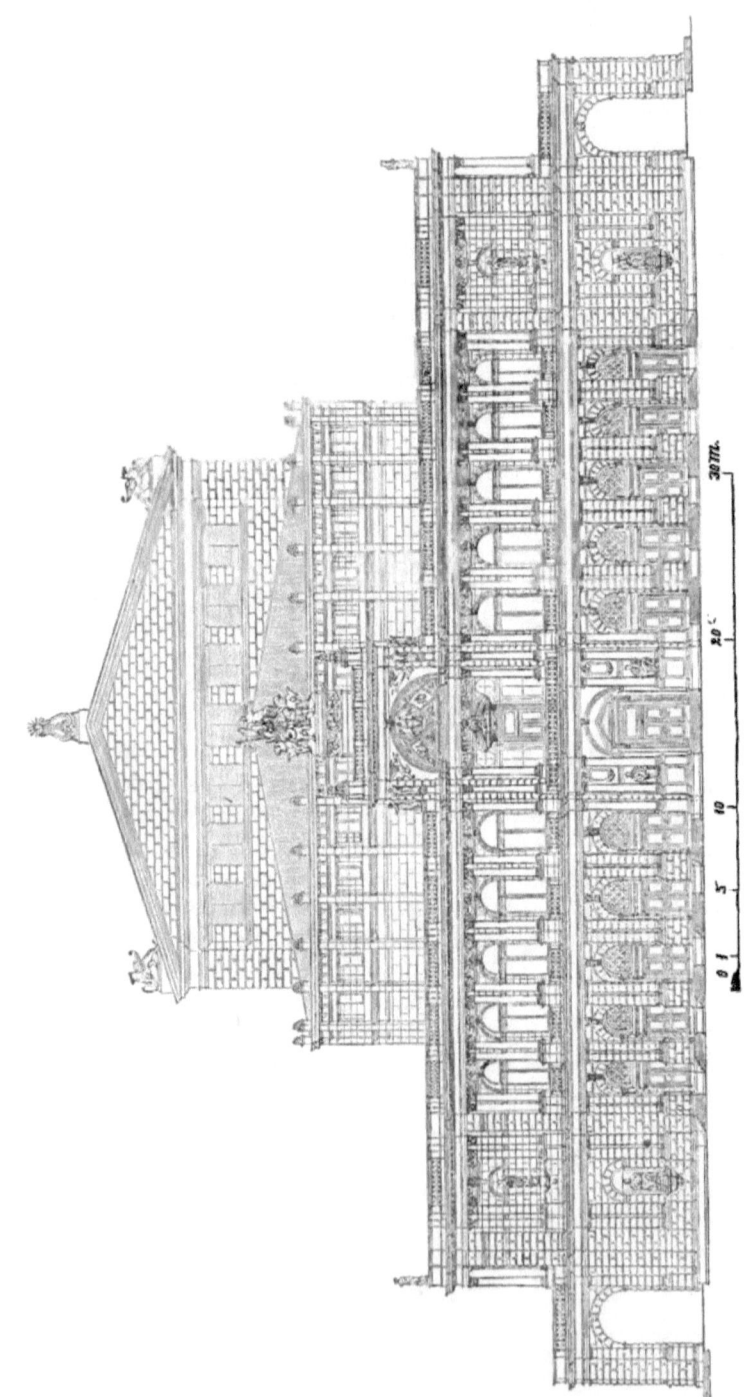

Neues Hoftheater zu Dresden, erb. 1871—78.
Hauptansicht nach dem Theaterplatz.

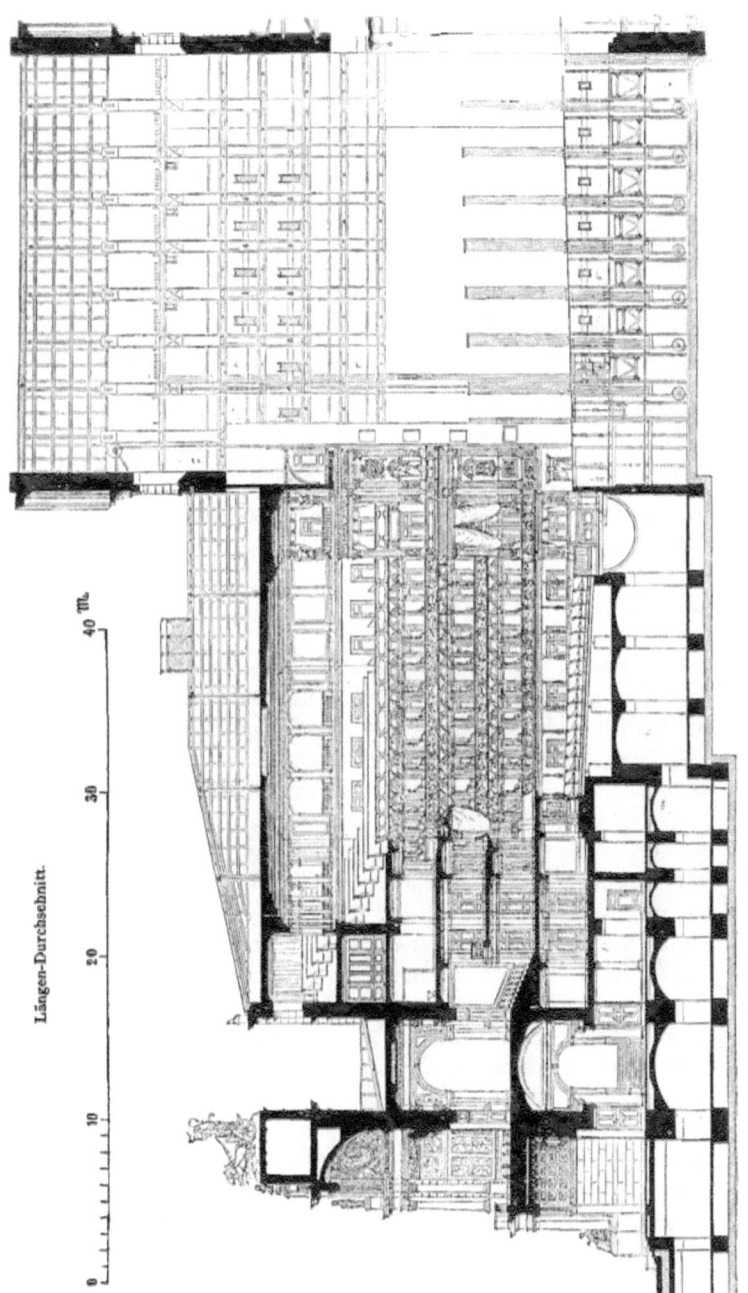

Neues Hoftheater zu Dresden, erb. 1871—78.
Längen-Durchschnitt.

jenen alten Ordnungen und Mitteln auch heute noch ein ewig junger Geist inne wohnt, wenn nur der Meister kommt, der nicht im Schema stecken bleibt, sondern der sich ihrer in rechter Erkenntniss jenes Geistes für seine höheren Zwecke zu bedienen vermag. Und er zeigt in der Verwendung dieser Mittel, in der Betonung und Nüanzirung eine solche Feinfühligkeit, im Anbringen des Schmuckes eine solche Oekonomie, in allem eine solche Sicherheit und Zielbewusstheit, mit einem Worte Klassizität, wie sie nur einer im Ringen nach den höchsten Zielen gereiften Meisterschaft eigen sein kann. Die Anmuth und Liebenswürdigkeit, ich möchte sagen Naivetät des alten Theaters ist darum freilich dem neuen Theater nicht eigen. Wohl aber ist das letztere vom Theaterplatz aus gesehen, mag man seinen Standpunkt entlang der katholischen Kirche, am Schlosse oder Museum nehmen, als Ensemble von wahrhaft bezaubernder Wirkung, von einer Lebendigkeit und Originalität im Aufbau, einer Grofsartigkeit, Pracht und Monumentalität und dabei von einer Unmittelbarkeit und Selbstverständlichkeit, einer heiteren Selbstgenügsamkeit, die es den genialsten Werken der Baukunst anreiht und uns vor dem künstlerischen Vermögen des Schöpfers dieses Baues mit Bewunderung erfüllt. Und wenn Semper in seinem alten Theater mit einer gewissen vornehmen Bescheidenheit auf eine Konkurrenz mit den nachbarlichen Meisterwerken verzichtete, weil ihm ein Gesammtplan vorschwebte, von welchem das Theater nur einen Theil bildete, dem es sich einzuordnen hatte, und weil ihm auch die Mittel hierzu fehlten, so nimmt er in seinem neuen Theater den Wettkampf mit ihnen auch nach der grofsartigen und malerischen Seite hin und nicht ohne Erfolg auf. Von der alten Brücke oder der Brühlschen Terasse aus gesehen, macht freilich das Gebäude nicht entfernt den Eindruck wie vom Theaterplatze aus; es hat da etwas Zerrissenes in der Silhouette, wenig Harmonisches in der ganzen Erscheinung, so dass man von hier aus zu einer rechten Freude an demselben nicht kommen kann. Und hieran knüpfen die Gegner, an denen es dem neuen Hause nicht fehlt, an, um mit dieser Thatsache die Behauptung zu belegen, dass das neue Theater im ganzen und grofsen eine Kaprize sei, die weit hinter der Schönheit des alten Theaters zurück stehe. Dass das alte Theater vor dem neuen die gleichmäfsig, allseitig harmonische äufsere Gesammtwirkung voraus hatte, ist eben so wenig bestreitbar, als dass sich im neuen eine elementare Macht des Ausdruckes, eine Gröfse des Wollens, eine Genialität in der ganzen Konzeption geltend macht, von der wiederum das alte Haus keinen Begriff gab, und es gereicht Semper zum höchsten Verdienste, dass er mit solcher Energie und solchem Erfolge das Charakteristische, auf welches ja überhaupt die künstlerischen Bestrebungen der Gegenwart zielen, zur Geltung zu bringen wusste. Dagegen wird ein objektives Urtheil mit dem Bekenntniss nicht zurück halten dürfen, dass die Detaildurchbildung hinter Sempers früheren Arbeiten wesentlich zurück steht. Die schwere klobige Rustik, die man eher bei einem Festungswerke, denn bei einem Theater an rechter Stelle glauben möchte und welche andrerseits in ihrer Mächtigkeit durch jene schmalen Rustikpilaster alterirt wird, die die Rustik vielleicht klobiger als dies ohne diese Unterbrechung der Fall gewesen wäre, erscheinen lassen, abgesehen von bedenklichen Anordnungen, wie jene Bogenanfänge, wenn gleich alles dies auch bei römischen Theatern — ich erinnere an das Amphitheater zu Pola — vorkommt; die hohen Säulenstühle, die der Vitruvschen Regel zufolge, wonach der Säule zwölf, dem Stuhle vier, dem Gebälk drei Theile zukommen, von Semper seit dem Theaterprojekt für Rio de Janeiro beliebt wurden und welche die Macht der Säule sehr beeinträchtigen; der Mangel jeder Markirung da, wo im Oberbau das Segment in die Gerade übergeht; die Flüchtigkeit in der Durchbildung des Konsolen-Hauptsimses an den Ecken und Kröpfen, die Profilirungen überhaupt, die die Flüssigkeit und Schönheit des Museums z. B. nicht annähernd erreichen: das Alles fällt bei genauerer Betrachtung befremdend auf. Ist dem Meister im Hinblick auf das grofse Ganze alles andere als nebensächlich und gleichgültig erschienen?

Wenn Semper seinen Schülern in Dresden den Grundsatz exemplifiziren wollte, dass das Aeufsere eines Gebäudes die Wesenheit desselben vordeuten, sein Inneres ahnen lassen müsse, Erfüllung aber erst das Innere bringen könne, dass also eine stete Steigerung bis zu dem innersten Kerne der Anlage, auf welchen sich alles zu beziehen habe, stattfinden müsse, so wies er auf das nun abgebrannte Theater hin, das in der That diesen Grundsatz auf das überzeugendste illustrirte. Denselben Eindruck planvoller Steigerung, stufenweiser Vorbereitung auf das Letzte gewährt das Innere des neuen Theaters eben so wenig, als Erfüllung der durch das Aeufsere auf das höchste gesteigerten Erwartungen. Dass die Ausgestaltung des Inneren eine weit grofsartigere, opulentere ist, als die des alten Theaters war, lehrt schon der flüchtigste Vergleich beider Grundpläne. Aber einmal steht nicht die Disposition im Ganzen und Grofsen, wohl aber die Behandlung des Inneren an Genialität und kühnem grofsartigen Griff dem Aeufseren trotz einzelner Glanzpunkte entschieden nach, dann ist die Durcharbeitung der wichtigsten Parthien in einem Stadium stehen geblieben, das noch nicht als das der Vollendung bezeichnet werden kann, ein Mangel, der sich hier noch weit aufdringlicher geltend macht, als dies im Aeufseren der Fall ist. Das wird zunächst in den Treppenhäusern bemerklich. Wie ein Nothbehelf erscheinen bei der räumlichen Bedeutsamkeit dieser Anlage die Aufgänge zum zweiten Range, die Zugänge zum Foyer; verwirrend das Durcheinander der Treppenvestibül-Säulen vom Foyer aus gesehen, kleinlich die sieben Mal hinter einander aufmarschirenden Balustraden zwischen den Treppenvestibül-Säulen; Treppenvestibüle und Foyer wollen nicht recht einheitlich zusammen gehen und gegen die Pracht des oberen Treppenvestibüls sticht die Nüchternheit des unteren, das man von den Unterfahrten aus betritt, unvermittelt ab. Auch der Zuschauerraum hat wenig von der Grofsartigkeit der Behandlung, die man dem Aeufseren nach zu erwarten berechtigt ist, während es an Feinheit und Vollendung, einheitlicher harmonischer Wirkung hinter dem alten Hause weit zurück steht. Die Umschliefsung der Bühnenöffnung mit ihrer doppelten Säulenstellung, die die gleiche

Architektur zeigenden Proszeniumslogen, die Säulen der königlichen Mittelloge, die mit den unteren der Bühnen-Einfassung und der Proszeniumslogen korrespondiren, der Plafond, der in seinem mittleren Theile zwar das Motiv und die gleiche Eintheilung mit dem früheren, aber auch nicht annähernd die gleich liebevolle meisterhafte Ausführung gemein hat, wollen sich weder der Anordnung, noch der Durchbildung nach in einen Semperbau von solcher Bedeutung schicken. Einzelheiten, wie die gleich einem Brett vorgeschobenen Balkone im vierten Rang des Proszeniums, die uniformen Konsolen zwischen den oberen und unteren Säulen der Bühnen-Umrahmung, von denen die eine eine sitzende, die andere eine stehende Figur von verschiedenem Maafsstabe zu tragen hat, die Anbringung der Eckleuchter unter den ersten Rängen, des Kronleuchters aufserhalb der eigentlichen Saalmitte, die Ausstattung der Draperien mit Stickereien mögen unerörtert bleiben und ebenso wenig sollen Klagen, die man nach Eröffnung des Theaters erhob, über das Nichtsehenkönnen von vielen Plätzen aus, über die Akustik, über mangelhafte Garderoben, über das Parterre — Klagen, die theils in der Natur der modernen Theater-Einrichtung und in der Verwendung grofser Häuser zu Aufführung von Konversations-Stücken und lyrischen Musikwerken begründet sind, denen andererseits leicht abgeholfen werden kann und wohl schon abgeholfen worden ist und welche zum Theil Semper gar nicht zur Last gelegt werden dürfen — des weiteren besprochen werden. Das Innere des Theaters hat Schönheiten von grofsem Werthe: die oberen Treppen-Vestibüle an sich betrachtet, desgleichen das Foyer, die Logenränge von der Proszeniumsloge bis zur Mittelloge, Schönheiten in Bezug auf perspektivischen Reiz, räumliche Wirkung, charakteristischen Ausdruck, auf den glücklich getroffenen Maafsstab, auf die aufserordentlich harmonische Farbenwirkung und auch im Detail eine Fülle künstlerischer Schönheiten; die im reichen Maafse zur Mitwirkung heran gezogene Malerei hat in Professor Grofse's Deckenbildern des Foyers z. B. Rühmenswerthes dargebracht. Aber über das Bedauern kommen wir nicht hinweg, dass ein Künstler allerersten Ranges, der den Gipfel der Meisterschaft erstiegen, uns wohl im Einzelnen hoch entzückte, dass er aber uns im Innern des Hauses ein Werk aus einem Guss, von der Gröfse und Vollendung, wie er es uns zu schenken vor allem berufen war und wozu ihm wohl auch die Mittel gewährt worden waren, vorenthielt.

Dass aller Mängel ungeachtet, die nicht verschwiegen werden dürfen, wenn es sich nicht um eine blinde Verherrlichung des Meisters, sondern um eine möglichst vorurtheilsfreie Beurtheilung des Künstlers und seiner Werke handelt, das neue Dresdener Theater in Grundplan und Aufbau, in denen der künstlerische Schwerpunkt des Werkes beruht, die Grofsthat eines genialen Geistes verkörpert, die wir zu den Errungenschaften unserer Zeit und unseres Volkes zu zählen haben, dass das Dresdener Theater unter allen Bauten Semper's empor ragt durch die Grofsartigkeit und Kühnheit, mit welcher der Meister, indem er dem Bedürfniss und der Nützlichkeit nach jeder Richtung hin rücksichtslos Ausdruck und Befriedigung giebt, die innerste Wesenheit des ganzen Baues im Aeufseren zum wahrhaftigen Ausdruck bringt und ihm eine Physiognomie von sprechender Klarheit und siegreicher Schönheit verleiht, wie sie kein Theater vor ihm gezeigt, u. zw. durch die souveraine Beherrschung der architektonischen Ausdrucksmittel, die uns zu einer Frage über das Wie und das Was, zu einer stilistischen Untersuchung gar nicht kommen lässt, weil sie die Selbstverständlichkeit der Natur hat, sei zusammen fassend hier noch einmal erwähnt. Auch gebührt dem Sohne Semper's, der mit Hingebung und Selbstaufopferung unter schwierigen Verhältnissen der Interpret der Intentionen seines Vaters ward, vor allem aber der Sächsischen Staatsregierung, die den ehemaligen Maiflüchtling mit dem Baue betraute, und den Königen Johann und Albert, deren Munifizenz die Inangriffnahme und schliefsliche Fertigstellung des Baues ermöglichte, aufrichtiger Dank im Namen der deutschen Kunst. —

Es bleibt noch übrig des Antheils Semper's an den Wiener Bauten zu gedenken. Semper wurde, um den mit Leidenschaft und Erbitterung geführten Kampf um die Ausführung der am Burgring zu erbauenden k. k. Hofmuseen für die Kunst- und wissenschaftlichen Sammlungen, der sich an die Konkurrenz-Projekte der Hrn. Ferstel, Hansen, v. Hasenauer und Löhr knüpfte und trotz wiederholter Juryirung und Umarbeitung der Projekte v. Hasenauers und Löhrs unentschieden fortzog, zu beenden, dem Vernehmen nach auf Anregung Hansen's vom Kaiser von Oesterreich mit der endgültigen Beurtheilung der Projekte beauftragt. Er entschied sich für den Entwurf des Hrn. von Hasenauer und arbeitete auf Grund dessen einen grofsartigen Gesammtplan, der die Erweiterung der Hofburg, ein Hofschauspielhaus und die mittels Triumphbögen mit der Burg zu verbindenden Hofmuseen umfasste, aus. Der Plan fand den Beifall des Kaiserlichen Herrn. Ob nun Semper direkt mit der weiteren Durcharbeitung und der Ausführung beauftragt wurde und er sich Hrn. von Hasenauer als Kompagnon wählte, wie ich früheren Informationen nach annahm, oder ob dies infolge einer Verbindung mit Hrn. von Hasenauer, dem er sich als Kompagnon offerirt hatte, wie ich nach neueren Nachrichten anzunehmen habe, geschah, mag dahin gestellt bleiben. Jedenfalls siedelte er nach Wien über und nahm die Arbeiten für die Ausführung der projektirten Bauten, zunächst für die Museen mit Hrn. von Hasenauer gemeinsam in Angriff.

Für diese Museen ist die von Hrn. von Hasenauer herrührende Disposition im Wesentlichen beibehalten worden. Beide Gebäude, im Aeufseren gleich, haben die Form eines, einen inneren Hof umschliefsenden Parallelogramms, dessen Langseiten durch einen, den Hof durchsetzenden Mittelbau verbunden sind. Letzterer enthält nach vorn die Vestibüle, dahinter eine grofsartige Haupttreppe und eine bis in die zweite Etage führende Doppeltreppe und spricht sich nach Aufsen durch eine Vorlage aus, über welcher sich auf zwischengeschobener Attika eine achteckige, von vier Eckkuppelbauten flankirte Kuppel erhebt; Risalite schliefsen die Ecken der Langseiten ab, während die Schmalseiten mittlere Vorlagen erhalten haben. Im Innern unterscheiden sich beide Gebäude dadurch, dass in dem Kunsthistorischen Museum eine schmälere

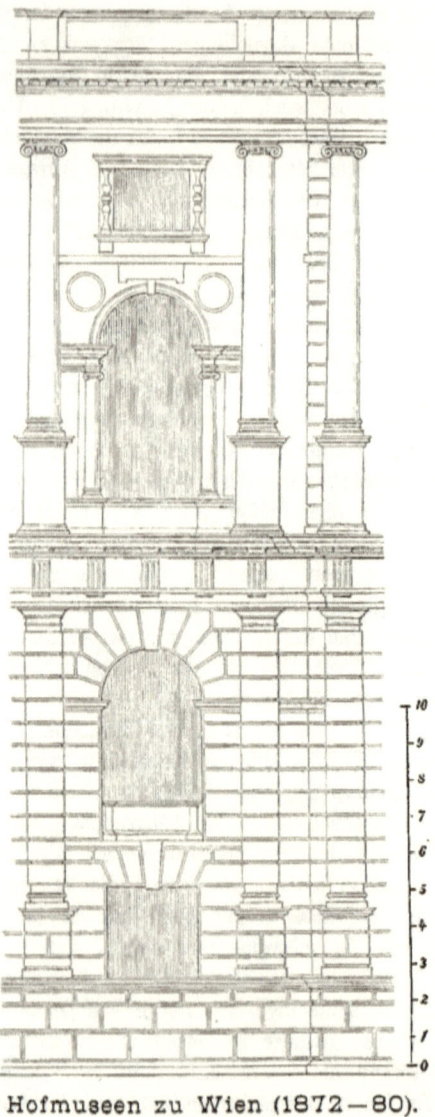

Hofmuseen zu Wien (1872—80).
Façaden-System.

mit Seitenlicht versehene Zimmerreihe nach Aufsen, tiefere mit Oberlicht erhellte, durch die beiden oberen Stockwerke reichende Säle nach den Höfen zu angeordnet sind, in dem Naturhistorischen Museum aber die entgegen gesetzte Anordnung getroffen worden ist, so dass nach vorn die tieferen Räume, nach dem Hofe zu die schmäleren Zimmer sich befinden. Beide Gebäude zeigen über dem zu Wohnungen, Depots etc. eingerichteten Tiefparterre, das Hochparterre, eine erste und eine zweite Etage. Die Maafse des Baues sind aufsergewöhn-

Hofmuseum zu Wien, erb. 1872—80.
Ansicht vom Museumsplatz.

lich, 7 m von Axe zu Axe. Die Façaden tragen unverkennbar den Stempel Semper'scher Architektur.*) Sie erinnern im Motiv an die Zwingerseite des Dresdener Museums, nur in wesentlich gesteigertem Maaſse; eine Säulenstellung über rustizirtem Parterre. Während aber in Dresden die Zwingerfront über dem Parterre nur ein Geschoss, die Theaterplatzfront zwar deren zwei hat, von denen aber das obere nicht mit Seitenlicht versehen ist und darum in der Façade nicht zum Ausdruck kommt, wird in Wien das Obergeschoss mittels nach der Breite gestreckter Fenster über den mit jonischen Säulchen eingefassten Rundbogenfenstern des Hauptgeschosses sichtbar. Die über die erste und zweite Etage reichenden Säulen haben hohe Stühle; den Wandsäulen der Rücklage entsprechen im Parterre wiederum Rustikpilaster, die aus der Quaderung heraus springen und sich durch Architrav, Fries und Unterglieder des dorisirenden Gebälkes kröpfen, den vorgekröpften Vollsäulen der Vorlage dergleichen Rustiksäulen im Parterre. Reicher Schmuck an Festons und Kränzen — schwebenden, sehr malerisch behandelten Figuren an den Vorlagen — füllen die Zwickel und Mauerflächen zwischen den jonischen Säulen. Und in verwandter Weise sind Kuppel und Eckthürmchen behandelt. Als eine Absonderlichkeit erscheint, dass sowohl die Rustikpfeiler, die nach meinem Dafürhalten auch hier die ruhige Wirkung des Unterbaues zerreiſsen, als auch die Rustiksäulen mit ihren Stühlen auſser jedem Zusammenhange mit den horizontalen Gesimsen stehen. Uebrigens ist die Rustik weniger derb behandelt, als wir es bei Semper, besonders in seiner späteren Zeit, gewöhnt sind. Das Detail ist sorgfältig durchgebildet. Der Eindruck der Gebäude ist ein imposanter, wie es bei den mächtigen Verhältnissen zu erwarten stand — prunkvoller, aber an die vornehme Höhe und feine Pointirung des Dresdener Museums nicht reichend. Ueber die vielfach angezweifelte Wirkung der Kuppel steht mir ein Urtheil nicht zu, da dieser Theil noch eingerüstet war, als ich im Herbste vorigen Jahres die Museen zum letzten Male sah.

---

*) Die Abbildung des Façadensystems giebt eine frühere Redaktion und entspricht darum nicht völlig der Ausführung.

Das Hof-Schauspielhaus, das nicht dem ursprünglichen Entwurfe gemäfs im Volksgarten und in Verbindung mit der Hofburg-Erweiterung, sondern als Pendant zum Rathhause errichtet wird, erinnerte in der ersten Skizze in der Grundrissform lebhaft an das Münchener Festtheater. Für die Ausführung entwarfen Semper und Hasenauer Pläne und es entschied sich der Kaiser für den Sempers unter Adoptirung der von Herrn von Hasenauer in Vorschlag gebrachten geradlinigen Loggia über den unteren Eingängen. Inwieweit die Pläne Sempers bei dem in Ausführung begriffenen Bau zur Geltung gekommen sind, lässt sich zur Zeit noch nicht ermessen. —

Und welcher Gewinn ist der Baukunst aus Semper's künstlerischer und schriftstellerischer Thätigkeit erwachsen?

Semper selbst hat sich entschieden genug ausgesprochen, dass er nur von einem Anknüpfen an die Renaissance Erfolg erwarte, in deren Anfängen wir noch seien, die aber schon in ihren Anfängen alles Vorherdagewesene weitaus überrage, weil sie die Säulenordnungen objektiv beherrsche und symbolisch verwerthe im Streben nach Charakteristik und individuellem Ausdruck, weil sie sich von den Fesseln des streng struktiven Bauprinzipes emanzipirt habe, so dass sich nun das struktive Gesetz nicht mehr materiell, sondern symbolisch erfülle.

Unsere Kunsthistoriker und Aesthetiker stellen die römische Kunst, auf deren Schultern die Renaissance steht, als eine abgeleitete Kunst hin und sprechen ihr Organismus und Selbständigkeit ab. Sempers ästhetische und kritische Deduktionen gehen darauf hin, im Gegensatze zu jenen Behauptungen nachzuweisen, dass nicht die Zurschaustellung der konstruktiven Faktoren, des nackten Bedürfnisses — illuminirte und illustrirte Mechanik und Statik, reine Stoffkundgebung — Aufgabe der Baukunst sei; sie habe den Bedingungen der Konstruktion und des Stoffes Rechnung zu tragen, aber nicht grob materialistisch in struktiv-technischem, sondern in höherem struktiv-symbolischen Sinne zu verfahren. Von diesem Gesichtspunkte aus beurtheilt er die künstlerische Höhe einer Bauweise. Weil die Römer die griechischen Bausysteme aus der subjektiv typischen Gebundenheit heraus zum Symbol, zum freien künstlerischen Ausdrucksmittel erhoben und mittels des Gewölbebaues die Möglichkeit eines von der Gebundenheit des Materiales befreiten monumentalen Raumbaues, die Voraussetzung ihrer grofsartigen Raumeskunst und Raumespoesie, von der die voralexandrinischen Griechen wenigstens nicht die leiseste Ahnung hatten, gewonnen, in der Verbindung der Säule mit dem Bogen bezw. Gewölbe aber universelle Verwendbarkeit und Ausdrucksfähigkeit, die der römischen Kunst die künstlerische Weltherrschaft sichern, erreicht haben und weil die Renaissance erst zu vollster Objektivität und Beherrschung des von den Römern Errungenen durchgedrungen ist, erkennt er der römischen Kunst und vor allem der Renaissance die Palme zu. Die Zukunft der Baukunst liegt nach ihm aber darin, dass sie sich, wie die griechische Kunst, „aus dem dienenden Verhältnisse zu Bedürfniss, Staat und Kult zu freier selbstzwecklicher Idealität emanzipire".

Redtenbacher wirft Semper vor, dass er die Konstruktion für zu nebensächlich ansehe, sie als den Kleiderstock betrachte, an welchen die Baukunst ihre bunten Gewänder aufzuhängen habe und dass er darum die Gothik vollständig verkenne, was wohl nicht möglich gewesen wäre, wenn er die streng wissenschaftliche Forschung allein im Auge gehabt und sich nicht durch die praktische Tendenz, die Aufgabe der Baukunst unserer Tage zu formuliren, habe leiten lassen. Gewiss schrieb Semper von einem bestimmten Standpunkte aus, der seiner Ueberzeugung nach der einzig richtige war, dessen historische und ästhetische Begründung er eben durch seine Schriften unternehmen wollte. Aber die Richtigkeit seiner Ueberzeugung, soweit sie die historische Entwickelung und die Prinzipien der alten Kunst betrifft, beweist doch der Umstand, dass Semper es war, der zuerst Zusammenhang in jene Entwickelungsphasen gebracht, als deren Ergebniss, deren künstlerische Erfüllung die griechische Kunst erscheint. Und er hat dies in der einleuchtendsten Weise gethan und uns damit erst ein wirkliches Verständniss der Kunst des Alterthums, einschliefslich der römischen Kunst, ermöglicht. „Er hat zuerst mit genialer Divination das System der Polychromie der griechischen Architektur und architektonischen Skulptur erschaut und seine Anschauungen, die für jeden, der griechische Luft geathmet hat und in griechischem Licht gewandelt ist, den Stempel der inneren Wahrheit und Folgerichtigkeit tragen, sind ja durch die Auffindung vieler Bruchstücke von den Giebelstatuen in Olympia, an welchen die Bemalung vollständig erhalten war, mehr und mehr auch äufserlich bestätigt worden." Und gleichzeitig hat er, indem er, geleitet von seinen Ueberzeugungen und um Klarheit über die architektonischen Typen zu schaffen, es unternommen, „die beim Werden und Entstehen von Kunsterscheinungen hervor tretende Gesetzlichkeit und Ordnung aufzusuchen und aus dem Gefundenen allgemeine Prinzipien, die Grundsätze einer empirischen Kunstlehre, abzuleiten", nachgewiesen, wie die Grundformen der monumentalen Kunst vor deren Existenz bereits erfunden und fest gestellt wurden von den primitiven technischen Künsten und wie die stilistischen Gesetze, die jenen primitivsten Erzeugnissen menschlichen Kunsttriebes zu Grunde liegen, dieselben sind, welche für die monumentale Kunst maafsgebend sind. Er ist so der Begründer der „praktischen Aesthetik", der Formen- und Stillehre geworden, zugleich auch der Steuermann, der der Kunstindustrie den Kurs wies, und hat sich auch damit unvergängliches Verdienst erworben.

Gerade in dem Umstande, in welchem andere den Mangel der römischen Kunst begründet finden, erkennt Semper deren überragende Bedeutung, in dem Umstande nämlich, dass die architektonische Formenwelt dieses Stiles nicht an die wirkliche Konstruktion gebunden ist, dass sie nur scheinbar, symbolisch fungirt; ist sie doch zumeist eine Inkrustation, eine dem Füllmauerwerk vorgestellte Bekleidung, die aufser dem Zwecke der Bekleidung noch eine symbolische Aufgabe hat. Säule und Gebälk, Symbole des konstruktiven Gedankens, nicht der konstruktiven Nothwendigkeit, sind der römischen Kunst eine ästhetische Nothwendigkeit im architektonischen und nicht blos malerischen Sinne, als Belebung des römischen Massenbaues, sowie als Gegensatz zu der Wand und dem die Wand durchsetzenden Bogen. Denn der Bogen ist nur Durchbrechung der dem Gedanken nach nicht stützend, sondern ganz im Sinne der Griechen nur raumabschliefsend fungirenden Mauer und überall da, wo die Mauer als solche materiell sich nicht geltend machen soll. Ist aber die Säule hiernach und in dieser Verbindung eine ästhetische Nothwendigkeit und keine Willkürlichkeit, so ist ihre Anwendung auch eine durchaus berechtigte, künstlerisch gerechtfertigte. Hat es doch die Baukunst als Kunst mit der ästhetischen Erscheinung, die allerdings Ausdruck der inneren Wesenheit sein muss, zu thun. Jener Wesenheit aber, wenn auch nicht im real-struktiven Sinne, verhilft die symbolische Sprache der Säule und was damit zusammen hängt, durch Charakterisirung des Ernsten, Anmuthigen, Prächtigen etc. zum Ausdruck. Es ist darum eine falsche Auffassung, wenn man der römischen Kunst eine rein äufserlich dekorative Verwendung der Säule vorwirft, von einer Zwiespältigkeit bezüglich der Zusammenstellung von Säule und Bogen spricht. Ich will aber hierbei die Bemerkung nicht unterlassen, dass zwischen symbolischer Konstruktion und einer dem konstruktiven Wesen widersprechenden willkürlichen Formengebung wohl unterschieden werden muss. Ihr künstlerisches Verständniss hat die römische Kunst darin bewiesen, dass sie in den griechischen Bauweisen, die der Ausdruck griechischer Stammes-Eigenthümlichkeit waren, Typen erkannte und als solche verwerthete, dass sie den asiatisch-etruskischen Bogen, das Gewölbe in ihrer eminenten Bedeutsamkeit begriff und sich dienstbar machte; ihr Schöpfungsvermögen darin, dass sie die griechischen Systeme und deren Formen ihren Zwecken und den lokalen Verhältnissen entsprechend modifizirte und die Säule aus dem Rahmen der peristylen Aufstellung losgelöst, zu eigenartiger Verwendung brachte, dass sie Säule und Bogen zu einem einheitlichen organischen Ganzen von logischster Folgerichtigkeit zusammen bildete und auch das Gewölbe, der Natur der römischen Konstruktion, des Emplekton, gemäfs, künstlerisch behandelte, dass sie mit diesen Mitteln den ihr eigenen Massenbau beherrschte und die vielgestaltigen räumlichen Bedürfnisse im grofsartigen poetischen Sinne gliederte „nach einem Prinzipe der Koordination und Subordination, wonach sich Alles an einander hält und stützt, jedes Einzelne zum Ganzen nothwendig ist, ohne dass ersteres aufhört, sich sowohl äufserlich wie innerlich als Individuum kund zu geben".

Semper verlangt „Vernichtung der Realität, des Stofflichen, wo die Form als bedeutungsvolles Symbol, als selbstständige Schöpfung des Menschen hervor treten soll. Vergessen machen sollen wir die Mittel, die zu dem erstrebten Kunsteindrucke gebraucht werden müssen und nicht mit ihnen heraus platzen und elendiglich aus der Rolle fallen". Er legt auf das Symbolische den Hauptakzent. In der römischen Kunst geht aber neben dieser symbolischen Auffassung eine realistische her, die das Material und die Art und Weise der Fügung desselben zum Zwecke des architektonischen Ausdruckes hervor kehrt, die Quaderkonstruktion des Unterbaues in den monumentalen Hochbau überträgt. Semper selbst macht auf diese Erscheinung aufmerksam, welche die Baukunst in neue Bahnen weise. Und er selbst wendet fast ausschliefslich beide Weisen an, indem er die untere Gebäudehälfte in realistischem Sinne rustizirt, die obere in symbolischem Sinne behandelt, ohne aber auf die Eckrustik zu verzichten. Und er sucht durch die Rustik in realster, dem Zwecke des Gebäudes zuweilen widersprechender Weise zu wirken.

Das Kriterion des Kunstwerkes aber ist es, dass es aus dem Geist geboren ist im Sinne wahrer Schönheit. Die Mittel, durch welche das Schöne erreicht wird, sind gleichgültig; darauf kommt es an, dass der Geist im Sinne wahrer Schönheit selbstschöpferisch gestalte. Und dass beispielsweise aus den Werken der Gothik nicht eitel Materie, dass der Geist aus ihnen spricht, der die Materie siegreich überwunden, spricht mit hinreifsender Gewalt, wer wollte das läugnen? Giebt doch Semper selbst ihre mächtige Wirkung zu.

Eine jede Bauweise ist der Ausdruck des Gehaltes ihrer Zeit und des Schönheitsideales derselben; eine jede hat Antheil an der Schönheit, aber keine ist im Alleinbesitz derselben. Und wenn der Werth einer Bauweise darin liegt, wie sie die Anschauungen der Zeit ihres Werdens und das, was der letzteren schön erschien, zum vollgültigen Ausdruck bringt, so ist damit auch das Einseitige, das ihnen anhaftet und anhaften muss, erklärt. Wir sind Erben des von der Vergangenheit aufgehäuften Monumentenschatzes und die Arbeit des neunzehnten Jahrhunderts war es, diesen Besitz reproduzirend zu studiren; denn nur so konnten wir zu einem Verständniss desselben durchdringen. Aus den Ergebnissen dieses Studiums wird unsere Kunst, die nur an das Gewesene anknüpfend sich fortentwickeln kann, Nutzen ziehen. Wie die Zukunft sich gestalten werde, vermag niemand zu sagen, schwerlich in der Richtung „der selbstzwecklichen Idealität", die ihr den realen Boden entzieht. Schon ist den Künstlern, die sich zur Renaissance bekennen, durch die Bestrebungen der Gothiker die Anregung zu einer dem Material entsprechenden Formensprache und unter Berücksichtigung der Konstruktion, zu einer lebendigen Erfassung des Bauzweckes und Gestaltung aus dem Wesen der Aufgabe heraus geworden. Semper schloss sich der Renaissance als ausübender Architekt und Lehrer an und die Bedeutung, die diese Kunstrichtung in Deutschland gewonnen, ist zum gröfsten Theile seiner epochemachenden Wirksamkeit zuzuschreiben. Dass er für seine Ueberzeugung eintrat mit Wort und That, hat die Reife unserer Anschauungen wesentlich gefördert.

Die durchschlagende Bedeutung Sempers für unsere Zeit und unsere Kunst liegt aber darin, dass er es verstand, auf Grund der baulichen Aufgabe und aus dem Wesen derselben nach Zweckmäfsigkeit und Schönheit Bauten zu gestalten als lebendige Organismen, die im ganzen und einzelnen ihre Bestimmung mit physiognomischer Schärfe aussprechen, die nicht die Spur der Willkür, sondern den Stempel der inneren Nothwendigkeit und selbstgewollten Beschränkung, darum aber der künstlerischen Freiheit tragen; dass er zu Erreichung dieses Zieles der Sprache der Renaissance sich bediente, nicht befangen im Schema, nicht ein Sklave desselben, sondern sie verwendete als dienendes Mittel zum Ausdruck seiner Gedanken; darin, dass er uns durch die That bewies, dass auch die Baukunst der Gegenwart den Bedürfnissen unserer Zeit wahrhaftigen, schönheitsvollen Ausdruck zu geben im Stande sei, Bauten hervor zu bringen von echtem Stil, weil sie „in Uebereinstimmung mit ihrer Entstehungsgeschichte und allen Vorbedingungen und Umständen ihres Werdens stehen", dass nicht der Zwang der Schule, dass der Geist es ist, der lebendig macht. — —

Was die Persönlichkeit Gottfried Sempers betrifft, so mögen einige Worte genügen. Es erhellt aus dem oben Gesagten hinlänglich, dass er ein Mann von grofsen eigenartigen Anschauungen war — ist es doch die Anschauung, die den Künstler macht — ein Mann, der selbständig prüfte und dachte und auf dem von ihm beherrschten Gebiete keine Autorität anerkannte, der vielmehr an seinen Ueberzeugungen fest hielt bis zum Starrsinn, ein sorgsam erwägender Künstler, vorwiegend Verstandesmensch, ausgeprägter Willensmensch, allezeit streitbar und auch von Widerwärtigkeiten ungebeugt. Er konnte in seinen jüngeren Jahren wenigstens es nicht leiden, wenn andere ihm in seiner Bahn nachgingen und rief einst unmuthig aus: er wolle nun ägyptisch bauen, da man ihm die Renaissance allenthalben nachmache. Sein Sinn war auf die höchsten Ziele gerichtet und seine Natur unablässig nach vorwärts drängend. Sich selbst konnte er nicht genug thun, warf er doch mit Steinen nach den Schlusssteinen des alten Dresdener Theaters, weil sie ihm nicht gefielen und er sie nicht mehr ändern konnte. „Er besafs," schreibt mir Herr Professor Bursian, „mehr als alle Menschen, die ich kennen gelernt habe, die gröfste Unmittelbarkeit der künstlerischen Empfindung und das feinste künstlerische Urtheil. Abgesehen von solchen Geistesblitzen, wo es sich um künstlerische Dinge handelte, traten im geselligen Verkehr die Schattenseiten in Sempers Wesen, besonders seine unbezähmbare Neigung zum Widerspruch gegen die von andern Leuten ausgesprochenen Ansichten, stark hervor. So erinnere ich mich, dass ich mit ihm einmal hart zusammen gerieth, weil er in einer aus Schweizern und Deutschen bestehenden Gesellschaft heftig auf Deutschland schimpfte; als ich ihm Tags darauf begegnete, kam er auf mich zu, entschuldigte seine Heftigkeit und sagte: wenn andere auf Deutschland geschimpft hätten, würde ich es auch nicht gelitten haben; aber ich kann es einmal nicht mit anhören, dass man immer nur lobt. Denselben Charakterzug illustrirt folgende kleine Geschichte, die ich von Ohrenzeugen gehört habe. Beim Nachhausegehen aus einer Gesellschaft gerieth Semper in einen heftigen Streit mit seinem speziellen Landsmann, Professor Osenbrüggen, über Holstein und holsteinische Verhältnisse. Um dem Streite durch Ablenkung des Gesprächs ein Ende zu machen, sagte Osenbrüggen: O sehen Sie nur den herrlichen Mondschein, worauf Semper entrüstet ausrief: ach gehen Sie doch mit Ihrem Mond, das ist doch ein ganz elendes Licht! Das sind nur ein paar kleine Züge, die aber vielleicht doch zum Verständniss des Charakters Sempers nicht ganz ohne Bedeutung sind. Ich möchte zum Schlusse sagen: in allen Dingen wo es auf künstlerische Empfindung und Urtheil ankam, war Semper grofs und von bewundernswerther Selbständigkeit, in allen anderen Dingen war er in hohem Grade von augenblicklicher Stimmung und Leidenschaft abhängig und den Einflüssen anderer Menschen zugänglich."

Sempers Schüler hingen mit grofser Liebe und Verehrung an ihrem Lehrer; ging er doch, in Dresden wenigstens, auf die Individualität eines jeden allezeit ein. Grundsätzlich legte er gröfseres Gewicht auf eine schlichte korrekte Darstellung als auf virtuose Mache. Aber mehr als durch sein mündliches Wort und in den ausgedehntesten Kreisen lehrte er durch sein Beispiel, seine Bauten und Schriften, obgleich seine Schreibweise die Klarheit und Durchsichtigkeit seiner Bauten sehr vermissen lässt und meist etwas Gesuchtes, Barockes hat. Er widerlegte an sich selbst das Vorurtheil, dass scharfer Verstand und wissenschaftliches, abstraktes Denken mit der naiven, intuitiven Thätigkeit des Künstlers unvereinbar seien. Als ob der Architekt der Wissenschaft überhaupt entbehren könnte und es dem Künstler, der den Idealen seiner Zeit Gestalt geben soll, nicht von Nöthen wäre, auch rücksichtlich seiner Bildung auf der Höhe seiner

Zeit zu stehen. In der harmonischen Vereinigung von Wissen und Können liegt Semper's Bedeutung begründet.

Semper war von mittelgroſser Statur und gedrungenem Körperbau, misstrauisch messenden, durchdringenden Blicks, lebensfrisch, doch auch zeitweilig sehr hypochondrisch, immer leidenschaftlich, aber von stahlfester Gesundheit und noch im hohen Alter von künstlerischer Energie und Schöpfungskraft. E. Ranzoni charakterisirt ihn wie folgt: „Was er als Mensch, als Künstler und Schriftsteller bedeutete, das prägte sich in seiner Erscheinung aus, er sah aus, wie er war; freilich weichen die Schilderungen seiner Verehrer, welche ihn Mitte der Dreissiger Jahre kennen lernten, als er auf der Höhe der Manneskraft stand, etwas ab von dem Eindruck, den ich empfing, als ich ihm am Ausgange der Sechziger Jahre nahe trat. In jener Lebensepoche lag der Blick seines groſsen Auges prüfend auf demjenigen, mit welchem er verkehrte; seine Stirn verrieth den Denker, der Mund den feinen Satyriker, seine mittelgroſse gedrungene Gestalt nachhaltige Kraft, seine Rede den kampfbereiten Polemiker. Als ich ihm zum erstenmale Aug' im Auge gegenüber stand, da war sein Blick mehr als forschend — beinahe lauernd, seine Stirn tief gefurcht; das Lächeln, das seine Lippen umspielte, herb, seine Rede wie gedämpft, vorsichtig formulirt, vornehm zurückhaltend; seine ganze Erscheinung sprach von einer langen Reihe von Erfolgen, aber auch von schmerzlichen Erfahrungen, Enttäuschungen und Prüfungen aller Art." —

Tiefe Wehmuth erfüllte Künstler und Kunstfreunde, Alle, deren Herz warm für unsre Kunst schlägt, als die bang erwartete Trauerkunde von Semper's Tode, auf welche Berichte über seine schwere Erkrankung schon vorbereitet hatten, aus Italien herüber drang, über den Hintritt des greisen Mannes, der sich zwar krank und müde von dem Schauplatze seiner Thätigkeit zurückgezogen hatte, den aber unter den Lebenden zu wissen uns Allen ein reicher Besitz deuchte. Gottfried Semper wird fortleben in der Geschichte der Kunst, solange Steine reden können.

www.ingramcontent.com/pod-product-compliance
Lightning Source LLC
Chambersburg PA
CBHW021859230426
43671CB00006B/459